POLYGLOTT on tour

Michael Herl

Ungarn

Top 12

besonderer Tipp

Warnung

Info

Hinweis

Restaurant

Unterkunft

Nightlife

Shopping

Literatur

POLYGLOTT-Top 12 Umschlagklappe vorne

Allgemeines

Städtebeschreibungen

Die Donaumetropole im Umbruch. Der Spaziergang durch die ungarische Hauptstadt führt in das historische Burgviertel, er zeigt die idyllischen, urwüchsigen Seiten Budapests, aber auch die modernen Facetten der Stadt.

Touren

Rund um das »ungarische Meer«. Neben den Badehochburgen bekommt man herrliche Landstriche vor allem im Norden des Sees zu sehen.

Die Tour durch den Süden beginnt in Pécs und führt durch die Wälder des Mecsek-Gebirges hinab zu den Weingärten um Villány.

Von Budapest führt die Entdeckertour durch kaum erschlossene Gebiete des Mátra-Gebirges entlang der Grenze zur Slowakei.

Diese Tour führt von Eger durch das Bükk-Gebirge zum Naturdenkmal der Baradla-Höhlen, über Miskolc und Tokaj nach Debrecen.

Über endlos weites Land geht es von Debrecen durch das Schutzgebiet der Hortobágyer Puszta an die Theiß und zur Jugendstilstadt Kecskemét.

Eine Fahrt durch endlose Felder im Süden der Großen Tiefebene. Besucht werden idyllische Städtchen wie Kiskunfélegyháza, Csongrád, Gyula und Szeged.

Tour 10

Entlang der Donau nach Budapest

Seite 96

Der Rückweg nach Budapest zeigt in Dunaújváros auch das industrielle Ungarn. Malerisch wird es erst wieder am Velence-See.

Bildnachweis

Alle Fotos APA Publications/Mark Read außer Bildagentur Huber/Mehlig: 64; Bildagentur Huber/R. Schmid: 15, 20; Janos Kalmár: 26, 62-1, 82; laif/Gernot Huber: 42; Stephan Morgenstern: 20; Marton Radkai: 33, 71; Horst Schmeck: 2, 6, 7, 8, 9, 10, 11, 14, 38, 48, 77, 87, 91, 95, 97; Titelbild: Bildagentur Huber/R. Schmid

Zwischen Neusiedler See und Theiß stehen mehr als 2000 Schlösser und Herrenhäuser. Mit vielen verbinden sich die Epochen und Ereignisse einer illustren Vergangenheit und einer herausragenden Kultur. Barock, klassizistisch oder neugotisch im Stil, zeichnen sie sich durch familiäre Dimensionen und liebevoll gestaltete Details aus. Nach Jahrzehnten des Verfalls sind einige dieser Prachtbauten nun restauriert und der Öffentlichkeit zugänglich. Sie dienen als Hotels, Konferenzzentren oder Museen und bieten abwechslungsreiche Programme.

Das Flair des Adels erleben

Auf den Spuren der Schönen und Berühmten

Im **Schloss** der Familie **Brunswick** in Martonvásár war Beethoven oft zu Gast und erteilte den Töchtern Therese, Josephine und Charlotte Klavierunterricht. Seine Liebe zu Josephine blieb unerwidert. Ein Museum bewahrt die leidenschaftlichen Briefe des Komponisten. Auf der Insel im See des Parks finden im Sommer Konzerte statt.
Beeindruckt vom Pomp des Sonnenkönigs ließ Miklós Esterházy in Fertőd sein »ungarisches Versailles« erbauen. **Schloss Esterházy**, Ungarns größtes und üppigstes Barockschloss mit einer herrlichen Gartenanlage, wurde zu einem Treffpunkt des europäischen Hochadels. Joseph Haydn (1732–1807) lebte und komponierte sowohl hier als auch in Kismárton (heute Eisenstadt) mehr als dreißig Jahre als Hofkapellmeister der Familie.

- **Beethoven Emlékmúzeum,** 2462 Martonvásár, Brunszvik u. 2., Tel. 22/56 95 70; April–Okt. Di–Fr 10–16, Sa, So 10–18, Nov.–März Di–Fr 10–12, 14–16 Uhr.
- **Schloss Esterházy,** Bartok Béla u. 2, 9431 Fertőd, Tel. 99/370-971; April–Okt. Di–So 10–16, Nov.–März 10–18 Uhr.

Kaiserin Sisis Lieblingsschloss

Schloss Grassalkovich in Gödöllő gilt als eines der schönsten Barockensembles des 18. Jhs. in Ungarn. 26 detailgetreu restaurierte Räume, darunter Sisis Lieblingszimmer, vermitteln einen Eindruck vom Zauber vergangener Tage. Mehr als 2000 Nächte verbrachte die junge Kaiserin hier und genoss die Freiheit nach der Enge des Wiener Hofs. Im Prunksaal erklingen wieder Kammerkonzerte und seit 1996 empfängt das Schloss – nunmehr als Königliches Schlossmuseum – jährlich mehrere hunderttausend Besucher.

- **Gödöllő Királyi Kastélymúzeum,** 2100 Gödöllő. Tel. 28/41 01 24, www.godollo.hu; April–Okt. 10–18, Nov.–März 10–17 Uhr, Jan. und Mo geschl.

Schlosshotels

In Nagycenk bei Sopron lädt der Stammsitz der Familie **Széchenyi** zum Verweilen ein. Ein Museum widmet sich Leben und Wirken des Reformpolitikers Graf István Széchenyi, des Erbauers der Budapester Kettenbrücke. In einem Seitenflügel des klassizistischen Anwesens, umgeben von einem Park mit altem Baumbestand und seltenen Pflanzen, ist ein bezauberndes kleines Schlosshotel mit einem weithin bekannten ungarischen Spezialitätenrestaurant untergebracht.
Idyllisch und ruhig in einem großen Park gelegen, verwöhnt das **Schlosshotel Szidónia** in Röjtökmuzsaj zwischen Sopron und Györ seine Gäste. Das 1770 erbaute Gebäude mit Jagdhaus ist eines der schönsten Beispiele barocker architektur des Landadels, jetzt die gelungene Symbiose aus historischer Substanz, romantischer Lage und modernem Wellnesshotel mit einer Fülle von Angeboten für Gesundheit und Wohlbefinden sowie Sportprogrammen.
Nach 1880 wurde in Kétpó, mitten in der Puszta im Gebiet von Theiß und Körös, das **Schloss** des Grafen **Almásy** erbaut. Es war Originalschauplatz für den Film »Der englische Patient«, der das Leben des legendären Grafen zum Inhalt hat. Neben der authentischen Filmkulisse bietet das Schlosshotel seinen Gästen höchsten Komfort, schöne Wellness-Einrichtungen und Puszta-Romantik pur.

Schlosshotels allerorten
Einen Überblick der noblen Hotelresidenzen findet man unter: www.ungarn-tourismus.de/schlosshotels; www.kastelyhotel.hu

Hotel Kastély, 9485 Nagycenk, Kiscenki út 3, Tel./Fax 99/360-061, E-Mail: kastelyszallo.nagycenk@syneco.hu. ❍❍

Schlosshotel Szidónia, 9451 Röjtökmuzsaj, Röjtöki út 37, Tel. 99/544-810, Fax 380-013, www.szidonia.hu. ❍❍❍

Schlosshotel Almásy, Külterület, H-5411 Kétpó, Tel. 56/708-800, Fax 708-448, E-Mail: almasy@externet.hu, www.externet.hu/almasy. ❍❍❍

Auf dem Rücken der Pferde

Die Magyaren sind eine stolze Reiternation, deren Kultur seit Jahrtausenden untrennbar mit dem Pferd verbunden ist. Auf die Freunde des Reitsports warten die weiten Ebenen Ungarns, ideales Terrain für ausgedehnte Geländeritte. Ebenfalls stehen Kutschen für die beschauliche Erkundung der Landschaft zur Verfügung. Landesweit bieten Reiterhöfe ein vielfältiges Programm.

Ungarischer Verband für Reittouristik (MLTSZ), 1092 Budapest, Ráday u. 8. I./4., Tel. 1/456-0444, Fax 1/456-0445, www.equi.hu.

Gestütswirtschaft Szilvásvárad, 3348 Szilvásvárad, Fenyves u. 4. Tel. 36/355-155, Fax 36/564-002.

Lehner Major, 8716 Gadány, Tel. 30/226-9553, www.hunyady.hu.

Reiten – Vergnügen auch für Anfänger

Kein stupides Rundendrehen in der Halle, sondern herrliche Tagesritte auf einsamen Sandwegen, durch Akazienwälder, über Moorwiesen und lange Galoppaden über die Steppe, vorbei an Ziehbrunnen und Zackelschafen. Wer schlapp macht, darf im Planwagen Platz nehmen. Umsichtige Reitlehrer vermitteln den Umgang mit den Pferden und die notwendige Sicherheit im Sattel.

Das weltberühmte **Lipizzaner-Gestüt Szilvásvárad** bietet maßgeschneiderte Reiterpackages für Anfänger und Fortgeschrittene sowie für Gruppen. Hier kann man auch das akrobatische **Gespannfahren** von Experten erlernen.

Auf dem schönen Gut **Lehner Major** südlich des Balaton organisiert man wundervolle Ausritte mit Kisbérer-Pferden bis in die Flussauen der Drau.

Reiten und dazu viel Unterhaltung

In Lajosmizse, etwa 70 km südöstlich von Budapest, liegt die für ihre Puszta-Pferdeaufführungen und Folkloreshows weitbekannte **Tanyacsárda.** Sie ist ein beliebtes Tagesausflugsziel für Busreisen z. B. von Budapest aus. Ein unvergessliches Erlebnis ist die Kutschenfahrt bei Sonnenaufgang in die Puszta, ferner bestehen Reitmöglichkeiten. In der Tanyacsárda gibt es Unterkünfte mit Verpflegung sowie Campingplätze.

Ein ähnliches Rundumprogramm – aber in einer familiären Atmosphäre – bietet der kleine **Reiterhof des »Ritters Gyula«** am westlichen Balaton: Anreise mit der Nostalgiezug von Révfülöp, Kutschenfahrt, rasante Pferdevorführung, Kesselgulasch und ungarische Volksmusik. Reitschule und Sternritte.

7 km nördlich des Plattensees liegt zwischen den bewaldeten Erhebungen des Balaton-Oberlandes der attraktive Reiterhof **Csikós Lovasudvar**. Das Gebiet der Klára-Puszta umfasst das Delta zweier Bäche, das sich wie ein gewaltiges, ca. 35 km² großes Amphitheater ausnimmt. Die Pferde, größtenteils aus ungarischer Halbblutzucht, sind temperamentvoll, aber auch für wenig versierte Reiter geeignet. Fortgeschrittenen werden täglich zwei Ausritte in die malerische Umgebung des Nationalparks geboten. Sieben Nächte im Doppelzimmer mit Halbpension kosten pro Person ca. 375 €.

Die Traditionen aus der Zeit der ungarischen Landnahme mit den heutigen Anforderungen des Reitsports zu verbinden, gelingt dem Reitbetrieb **Álmos Vezér** in Ópusztaszer in der ungarischen Tiefebene. Übernachtung in Nomaden-Jurten mit bestem Reitkomfort. Auch die Pferde sind etwas besonderes: turkmenische Achal-Tekkiner, eine wendige, ausdauernde Rasse.

Reitende Bogenschützen

Die ungarischen Reitertruppen mit ihren Reflexbögen lehrten Europa einst das Fürchten. Lajos Kassai erforschte die historischen Techniken, entwickelte neue Bögen und Sättel und lehrt die alte Kunst des Bogenschießens zu Pferde in seiner Schule für reitende Bogenschützen. Er bietet eine mehrstufige Ausbildung und Trainingslager. Tag der offenen Tür mit Vorführungen jeden ersten Samstag des Monats.

▮ **Tanyacsárda Kft.,** 6050 Lajosmizse, Bene 625, Tel. 76/356-166, Fax 76/356-576, www.tanyacsarda.hu. ❍

▮ **Gyula Vezér Lovasbirodalma,** 8286 Gyulakeszi, Tel. 87/709-701. www.gyulavezer.hu. ❍

▮ **Csikós Lovasudvar,** 8245 Pécsely, Klára-Puszta, Tel. 87/445-309, www.csikos-lovasudvar.hu. ❍❍

▮ **Álmos Vezér,** 6767 Ópusztaszer, Pusztaszeri Major 102, Pf. 22., Tel. 62/275-153, www.easternhorse.hu. ❍

▮ **Lajos Kassai,** 7521 Kaposmérő, Rákoczi út 122, Tel./Fax 82/477-061, www.kassai-lovasi jaszat.hu

Die UNESCO hat in Ungarn zehn Stätten von landschaftlicher, kulturgeschichtlicher und architektonischer Einzigartigkeit zum Weltkulturerbe erklärt. Ihren Schutz will man durch internationale Zusammenarbeit sichern. Von Budapest aus, das mit dem Burgviertel, dem Donauufer und der Andrássy-Straße überaus bemerkenswerte Weltkulturstätten besitzt, sind die übrigen Orte auf einer Reise durch Ungarn gut zu erreichen.

Einzigartig und schützenswert

Nationalparks

Nationalpark Aggtelek: Eine landschaftlich reizvolle Strecke führt von Eger über Ózd weit in das Aggteleker Karstgebiet (ca. 130 km): mehr als 200 Tropfsteinhöhlen, ein riesiges unterirdisches Labyrinth mit Wasserfällen, kristallklaren Seen und bizarren Schluchten. Die Baradla-Höhle ist eine der größten und eindrucksvollsten Tropfsteinhöhlen Europas (25 km Gesamtlänge); Führungen werden angeboten. Der Nationalpark umfasst ferner drei geografisch interessante, oberirdische Gebiete: den Szalonnai-Karst, den Esztramos-Berg sowie das nördliche Grenzgelände zwischen Szuhaf und Bódva. Ein Netz von ausgeschilderten Wegen und Lehrpfaden ermöglicht ausgedehnte Wanderungen in der geschützten Landschaft. Der Ort Aggletek besitzt ein kleines Naturkundemuseum.

Zum **Nationalpark Hortobágyi Nemzeti,** dem Kerngebiet der Hortobágy-Puszta, einer einzigartigen Steppen- und Seenlandschaft auf über 82 000 Hektar, gehören die Gebiete östlich der Theiß (Tisza), einzelne Flussabschnitte wie der Theißsee sowie die berühmten Salzdünen des Zwischenstromlandes. Als Nist- und Rastplatz unzähliger (Zug-)Vogelarten ist das Gebiet von europäischer Bedeutung. Zu den faszinierendsten Naturschauspielen zählt der Zug zehntausender Kraniche im Oktober. Ziehbrunnen, Herden von Graurindern, Pferden und Zackelschafen mit ihren Hirten in der unendlichen Weite, aber auch die Fata Morganas in der flirrenden Sommerhitze prägen bis heute das romantische Bild der Puszta. Besuchenswert ist der berühmte Brückenmarkt im August.

▮ **Aggtelek National Park,** 3758 Jósvafö, Tengerszem oldal 1, Tel./Fax 48/350-006, www.anp.hu ▮ **Unterkunft: Cseppkő,** 3759 Aggtelek, Tel. 48/343-075, Fax 343-026. ❍ ▮ **Hortobágyi Nemzeti Park Igazgatósága,** Sumen u. 2, Debrecen, Tel. 52/529-920, www.hnp.hu.

▮ **Tourinform,** 4071 Hortobágy, Pásztormúzeum, Petőfi tér 1, Tel./Fax 52/589-321. ▮ **Unterkunft: Hortobágy Club Hotel,** 4071 Hortobágy-Máta, Tel. 52/369-020, Fax 52/369-027, www.hortobagyhotel.hu. ❍❍❍

Ungarns mittelalterliche Kultur

Von Budapest fährt man nach Norden über Balassagyarmat ins Cserhát-Gebirge und erreicht nach ca. 100 km **Hollókő** (Rabenstein), ein malerisches Kleinod der mittelalterlichen Palózenkultur. Die Palózen gehörten zu den Nomadenvölkern der Kumanen, die auf magyarischem Gebiet Siedlungen gründen durften. Der ganze Ort ist ein lebendiges historisches Denkmal. Die Bewohner tragen noch ihre ursprünglichen Trachten, sprechen einen eigenen Dialekt und leben nach alten Sitten und Bräuchen. Die handgefertigten Puppen aus Hollókő sind ein schmuckes Souvenir.
20 km südlich von Györ liegt das im Jahr 996 von Großfürst Geza gegründete Benediktinerkloster **Pannonhalma,** das bei der Christianisierung Ungarns eine große Rolle spielte. Inmitten der unendlich flachen Landschaft Westungarns thront es majestätisch auf dem 100 m hohen Martinsberg. Besichtigung des prunkvollen Klosters, das von regem geistlichem Leben erfüllt ist, im Rahmen einer einstündigen Führung (9–17 Uhr, Mo geschl.).
Zum Weltkulturerbe in Ungarn gehören ebenfalls die berühmten **römisch-frühchristlichen Grabkammern** in Pécs (S. 72), die einzigartige Kulturlandschaft des **Fertő-tó/Neusiedler Sees** (S. 56) sowie das historische **Weingebiet Tokaj** (S. 82).

Info: 3176 Hollókő,
Kossuth u. 68,
Tel./Fax 32/579-010.

Info Kloster und Bibliothek:
Vár 1, Tel. 96/570-115,
www.pannonhalma.hu;
Mai–Sept. tgl. 9–17 Uhr,
Okt.–April Di–So 9 bis 15 Uhr.

Übernachtung:
Unterkunft findet man sehr günstig in **Palózen-Häusern**; www.holloko.hu. ❍
Pax Hotel,
9090 Pannonhalma,
Dózsa György u. 2,
Tel. 96/470-006,
Fax 96/470-007,
www.paxhotel.fw.hu. ❍❍

Romantik in neuem Gewand

Den vielen Ratschlägen, die dieser Führer für die Erkundung Ungarns gibt, sei voraus geschickt: Man sollte nach Ungarn viel Zeit mitnehmen. Gemeint ist nicht, dass man gleich seinen Urlaub um drei Monate verlängern sollte. Sich Zeit nehmen, das bedeutet: Man geht aufeinander ein, man nimmt Anteil am Mitmenschen, man hält in bestimmten Situationen inne. Vielleicht ist das das wichtigste Mitbringsel aus einem Urlaub in Ungarn: eine kleine Portion der magyarischen Gelassenheit.

Lage und Größe

Ungarn liegt genau im Mittelpunkt Europas, etwa gleich weit vom Äquator und vom Nordpol entfernt. Begrenzt wird es im Norden durch die Slowakei, im Osten durch die Ukraine und Rumänien, im Süden durch Serbien und Kroatien und im Westen durch Slowenien und Österreich. Ungarn ist 93 033 km² groß, das entspricht rund einem Prozent der Fläche Europas. Das Land ist damit etwa doppelt so groß wie die Schweiz. Rund zwei Drittel von Ungarn sind flach, und kaum 2 % seiner Fläche liegen höher als 400 m über dem Meeresspiegel.

Klima und Reisezeit

In Ungarn herrscht kontinentales Klima, das durch atlantische Ausläufer gemäßigt wird; im Süden macht sich auch mediterraner Einfluss bemerkbar. Trotz dieser Abschwächung sind die Winter sehr kalt, die Sommer sehr heiß. Die wärmste Gegend ist Südungarn um Pécs, wo sogar Südfrüchte gedeihen. Nicht selten ist im Winter

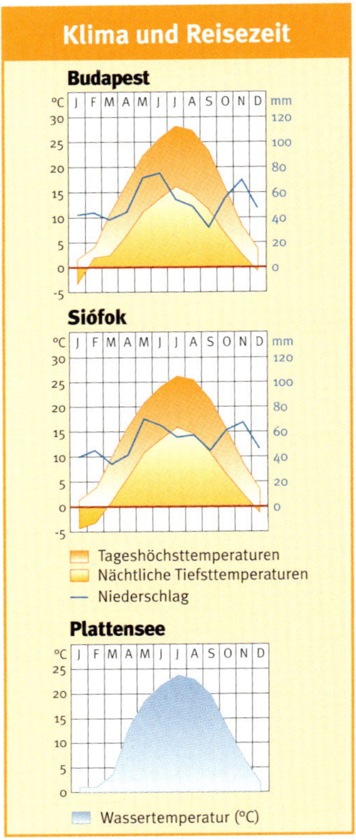

zwischen Südungarn und dem Gebiet an der ukrainischen Grenze im Osten ein Temperaturunterschied von mehr als 10 °C festzustellen. Ungarn verzeichnet im Schnitt 2015 Sonnenstunden pro Jahr, das ist wesentlich mehr als der europäische Mittelwert. Die durchschnittliche Temperatur im Januar liegt bei –2 °C, im Juni bei 23 °C. Es kann aber wesentlich heißer und im Winter viel kälter werden.

Die heißen Hochsommer sind besonders in der »Steinwüste« von Pest und in der staubigen Puszta schwer zu ertragen. Auch der flache und recht warme Balaton bietet dann kaum Abkühlung. Empfehlenswert ist eine Reise nach Ungarn im späten Frühjahr oder im frühen Herbst. Im Frühjahr explodiert die Natur nach dem harten Winter regelrecht, und im Herbst verleihen die bunten Farben in einem angenehm warmen Klima dem Land eine malerische Atmosphäre. Auch der Plattensee hat dann eine angenehme Badetemperatur.

Das winterliche Ungarn hat einen eigenen Reiz. Die Puszta liegt tief verschneit, und in Budapest, Hévíz und anderen Kurorten dampfen die Freibecken der Thermalbäder.

Landesnatur

Grob lässt sich Ungarn in vier Regionen untergliedern:

- Die **Kleine Tiefebene** (Kisalföld) im Nordwesten rund um die Stadt Győr.
- Die **Große Tiefebene** (Alföld) zwischen Donau (Duna) und Theiß (Tisza) und östlich der Theiß. Sie umfasst gut die Hälfte des Staatsgebiets und besteht größtenteils aus der berühmten Puszta, einer baumlosen Grassteppe, die überwiegend landwirtschaftlich genutzt wird. In ihrer ursprünglichen Form existiert die Puszta nur noch im Gebiet des Nationalparks Hortobágyi-Nemzeti, westlich von Debrecen.
- Das **Nordungarische Mittelgebirge,** eine bewaldete, landschaftlich reizvolle Gebirgskette, die Höhen bis 1015 m erreicht. Es trennt die Große von der Kleinen Tiefebene und wird bei Esztergom von der Donau durchbrochen.
- Das **Transdanubische Hügelland** zwischen Donau und Drau (Dráva) mit dem bis zu 682 m hohen Mecsek-Gebirge im Süden.

Nur 18 % der Gesamtfläche Ungarns sind bewaldet, doch die Wälder, die meist oberhalb 350 m Meereshöhe beginnen, haben etwas Urwüchsiges und Romantisches. 6 % sind Nadelwald, der Rest Laubwald.

Längster Fluss mit 579 km auf ungarischer Seite ist die Tisza (Theiß), die Donau misst 420 km auf ungarischem Gebiet. Der größte See Mitteleuropas ist der Balaton (Plattensee) mit 592 km^2 Fläche. Vom Fertő-tó (Neusiedler See, 320 km^2) gehört zu Ungarn weniger als ein Drittel.

Schutz der Umwelt

Ungarn ist sehr bemüht, seine Umweltprobleme in den Griff zu bekommen, obwohl es hinten und vorne an Geld fehlt. So sind Luft und Wasser seit den 1990er-Jahren erheblich reiner geworden, die durchschnittliche Lebenserwartung stieg.

Hauptproblem war und ist der hohe Schadstoffausstoß von Industrie und Kraftfahrzeugen. Noch immer sind Filteranlagen von Industriebetrieben veraltet, noch knattern Zweitakter und brummen rußende Lkws durchs Land.

Doch gesetzliche Maßnahmen seitens des Staates beginnen langsam zu greifen, obwohl Umweltschutz von vielen als Luxus angesehen wird und

In den nördlichen Uferbereichen des Plattensees schützt ein Nationalpark den Lebensraum vielfältiger und interessanter Tier- und Pflanzenarten

ein Umweltbewusstsein sich erst allmählich entwickelt. Die nun auch für Ungarn gültigen EU-Vorschriften werden jedoch befolgt, Unternehmen entsprechend kontrolliert.

Ökologische Entscheidungen

Die Schritte zum Schutz des Balaton zeigen bereits Wirkung, der See ist so sauber wie seit Jahrzehnten nicht mehr. Die Schilfgürtel des Nordufers und der Kis-Balaton unterstehen der Aufsicht des Nationalparks. Ferner wurde der Bauxitabbau im nördlichen Hinterland fast gänzlich eingestellt, nachdem er den Grundwasserspiegel hatte dramatisch absinken lassen.

Ein aus sozialistischen Zeiten stammendes wahnwitziges slowakisch-ungarisches Donau-Wasserkraftprojekt (mit einer Staustufe bei Nagymaros nördlich von Budapest) wurde letztlich von Ungarn boykottiert und aufgegeben. Umweltschützer hatten ins Feld geführt, dass infolge des Aufstauens und der Kanalisierung des Flusses einerseits der gestiegene, andernorts der abgesenkte Grundwasserspiegel gewaltige Umweltschäden verursacht hätten. Realisiert wurde das Kraftwerk auf slowakischer Seite.

Neue Naturschutzgebiete

Eine neue Wertschätzung der Natur belegen die Maßnahmen zur Einrichtung von Naturschutzgebieten und Nationalparks. Diese Areale (Aggtelek, Balaton-Oberland, Bükk, Donau-Drau, Donau-Ipoly, Fertő-Hanság, Hortobágy, Kiskunság, Körös-Maros, Őrség) umfassen derzeit 9 % der Staatsfläche. Man kommt durch unzählige Dörfer mit Storchennestern – die vielen Feuchtbiotope bieten den Tieren idealen Lebensraum. Wie fragil das ökologische Gleichgewicht aber ist, zeigt sich bei unvorhersehbaren Umweltkatastrophen, so der Zyanidverseuchung der Theiß vor wenigen Jahren durch ein rumänisches Silberbergwerk.

Bevölkerung

Von den insgesamt ca. 15 Millionen Ungarn lebt fast ein Drittel – als Folge des Ersten Weltkriegs und des Friedensvertrages von Trianon 1920 – in den umgebenden Staaten. Ferner flohen im 20. Jh. Hunderttausende aus dem Land bzw. wanderten aus.

Ungarn zählt heute rund 10,2 Mio. Einwohner, ca. 90 % davon stellen die Ungarn. Die größte ethnische Minderheit bilden die Roma mit etwa 400 000 Personen. Zur Bevölkerung gehören außerdem rund 220 000 Deutschstämmige, ferner Serben, Slowaken, Rumänen und andere Gruppen. Man hat sich mit den Minderheiten größtenteils arrangiert. Die Einführung der Demokratie 1989 räumte den einzelnen Bevölkerungsgruppen wieder mehr Rechte ein. So gibt es deutsche Schulen und Studiengänge, zudem eine deutsche Universität, und Vertreter der Minderheiten sitzen im Parlament.

Am wenigsten integriert sind auch in Ungarn die Roma, die in großer Zahl aus Rumänien kommen. Sie traf die Umstrukturierung der Wirtschaft am härtesten.

In Budapest lebt jeder zweite Ungar am Rande oder unterhalb des Existenzminimums, bei den Selbstversorgern auf dem Land ist der Lebensstandard besser. Einige soziale Auffangnetze von früher haben sich erhalten oder werden durch staatliche Maßnahmen heute neu geknüpft. So gibt es Arbeitslosen- und Sozialhilfe, und man versucht, die Wohnungsmieten, Energiekosten und die Grundnahrungsmittel erschwinglich zu halten.

Schulpflicht besteht für Kinder zwischen 6 und 16 Jahren. Das kostenlose staatliche Schulsystem besteht aus der 8-jährigen Grundschule, einer Sekundarstufe und technischen Schulen sowie aus höheren Bildungseinrichtungen. Seit ein paar Jahren bieten kirchliche oder private Schulen auch andere Schulmodelle an. Auf eine Berufsausbildung bzw. die Ausbildung im technischen Sektor wird besonderer Wert gelegt. Als erste Fremdsprachen werden primär Deutsch und Englisch unterrichtet. Die bedeutendsten Universitäten sind Budapest, Pécs, Szeged, Debrecen und Miskolc.

In Ungarn begegnet man noch einer enormen Trachtenvielfalt

Wirtschaft

Die Hälfte der Staatsfläche wird für landwirtschaftlichen Anbau genutzt. Haupterzeugnisse sind Getreide, Kartoffeln, Mais, bei Gemüsen vor allem Tomaten und Zwiebeln. Im Obstanbau dominieren Aprikosen, Pflaumen und natürlich Trauben, aus denen die berühmten Weine gekeltert werden. Der Fischfang gehört an Theiß und Donau sowie am Plattensee zu den wichtigen regionalen Wirtschaftszweigen.

Ungarn verfügt über wenige Bodenschätze, die zudem nur in geringen Mengen vorkommen. Der Abbau ist daher meist unrentabel und viele Bergwerke machten in den letzten Jahren dicht. Das Land ist in hohem Maße vom Import an Rohstoffen abhängig.

Bedeutende Industriezweige sind Fahrzeug- und Maschinenbau, Nahrungsmittel- und Textilindustrie sowie die Lederwarenproduktion. Die Pharmaindustrie steht auf hohem Niveau.

Nach der Wende 1989/90

Wie in anderen Ländern des Ostblocks drängten nach 1989 ausländische Investoren ins Land und kauften einigermaßen rentable Betriebe auf, viele andere mussten die Produktion einstellen. Die Privatisierung dauert an und hat viele Arbeitsplätze gekostet. Nur einige behutsam privatisierte Hotelketten, Gastronomiebetriebe, Spinnereien, Kellereien und Brauereien scheinen überleben zu können.

Enorme Investitionen nahm Ungarn im Tourismus vor. In den Kur- und Heilbädern wurden modernste Therapiezentren gebaut, die beliebten Strandbäder rund um den Balaton renoviert. Budapests renommierte alte Hotels erstrahlen in neuem Glanz. In kleine Pensionen und Hotels steckten die Ungarn selbst viel Geld.

Steckbrief

- **Fläche:** 93 030 km².
- **Bevölkerungszahl:** knapp 10,2 Mio., davon in der Hauptstadt Budapest 1,77 Mio.
- **Bevölkerungsdichte:** 108 Einw./km²; Stadtbevölkerung: 63 %.
- **Anteil der Geschlechter:** weiblich: 52,3 %; männlich: 47,7 %.
- **Landessprache** ist Ungarisch, das zur finno-ugrischen Sprachfamilie gehört. Deutsch verstehen noch viele ältere Menschen.
- **Hauptexportgüter:** Grundstoffe und Halbwaren, Maschinen, Agrarerzeugnisse und industrielle Konsumgüter.
- **Größte Städte:** Budapest (1,77 Mio. Einw.); Debrecen (220 000 Einw.); Miskolc (210 000 Einw.); Szeged (190 000 Einw.); Pécs (185 000 Einw.).

Ungarn als EU-Land

Seit dem 1. Mai 2004 ist Ungarn EU-Mitglied. Die ersehnte Reise- und Zollfreiheit ist zwar da, die Arbeitsaufnahme im Ausland jedoch weiter eingeschränkt. Vor allem kleine und mittelständische Unternehmen stehen nun unter enormem internationalem Konkurrenzdruck. Die großen Lebensmittelketten setzen der ungarischen Landwirtschaft zu. Die Tourismusbranche lahmt weltweit – hier setzt man vor allem auf Qualität.

Die Regierung kämpft gegen Haushaltsdefizit und Staatsverschuldung. Trotzdem hofft man zuversichtlich, sich u. a. im Dienstleistungssektor in der EU einen Platz zu erobern und bis zur Euro-Einführung 2010 die Wirtschaft stabilisiert zu haben.

Das politische System

Seit dem 20. August 1989 ist die Magyar Köztársaság (Republik Ungarn) eine Republik mit parlamentarischer Demokratie. Die Verfassung von 1949 blieb in Kraft, wurde aber 1989 stark überarbeitet. Staatsoberhaupt ist der Staatspräsident (vergleichbar dem dt. Bundespräsidenten), der vom Parlament auf fünf Jahre gewählt wird. Dieses besteht aus einer Kammer und bildet mit 386 Abgeordneten (176 direkt gewählt) die Legislative.

Budapest: das Parlamentsgebäude, im Vordergrund die Reformierte Kirche

Geschichte im Überblick

600 v. Chr. Die Illyrer und die Skythen, ein Nomadenvolk aus der Schwarzmeerregion, lassen sich im Karpatenbecken nieder.
10 v. Chr. Die Römer dringen ein und gründen im Westteil des heutigen Ungarn die Provinz Pannonia.
194 Die Römerstadt Aquincum im heutigen Óbuda wird unter Kaiser Septimius Severus zur Colonia erklärt.
409 Mit dem Vertrag von Ravenna zerfällt das Römische Reich. Die Hunnen unter König Attila verdrängen die Römer, ziehen sich aber 50 Jahre später wieder zurück.
567 Die Awaren, ein asiatisches Reitervolk, fallen ein und dringen nach Westen bis Thüringen vor.
803 Kaiser Karl d. Gr. zerschlägt das Reich der Awaren; slawische Siedler lassen sich im heutigen Budapest nieder.
896 Die Magyaren, ein Reitervolk aus dem mittleren Ural, erobern mit sieben Stämmen unter der Führung Árpáds das Land. Dieses Datum der »Landnahme« gilt als das Geburtsjahr Ungarns.
1001 Stephan I., der Heilige, ein Nachkomme Árpáds, wird zum ersten König Ungarns gekrönt.
1222 Die Rechte des Adels werden in der »Goldenen Bulle« von König Andreas II. wesentlich erweitert.
1241 Am 11. April schlagen die Mongolen die Truppen von König Béla IV. und ziehen bis 1242 raubend und brennend durchs Land.
1308 Karl I. Robert aus dem Hause Anjou wird, nachdem die Árpáden-Dynastie ausgestorben war, zum König gekrönt.
1387 Sigismund von Luxemburg wird König von Ungarn und 1433 auch Kaiser des Heiligen Römischen Reiches Deutscher Nation.
1446 Feldherr und Reichsverweser János Hunyadi kann die angreifenden Türken vorerst abwehren.
1458 Matthias Corvinus, Hunyadis Sohn, wird zum König ausgerufen. Unter ihm entwickelt sich Ungarn zu einem kulturellen Zentrum in Europa.
1514 Ein Bauernaufstand gegen die Unterdrückung durch den Adel endet mit einer blutigen Niederlage.
1526 Bei der Türkenschlacht von Mohács fällt König Ludwig II. Der Nordwesten des Landes wird habsburgisch (unter Ferdinand I.), Siebenbürgen unabhängig, der Rest türkisch besetzt.
1686–1697 Die »Heilige Liga« (Kaiserliche, Polen, Venezianer und der Papst) besiegt die Türken. Die Herrschaft der Habsburger in Ungarn beginnt.
1703 Fürst Ferenc Rákóczi erzielt beachtliche Erfolge mit seinem Bauernheer im Kampf gegen Wien.
1708 Da Russland und Frankreich Fürst Rákóczi ihre Unterstützung verweigern, kann der Kaiser den Aufstand niederschlagen.
1740–1780 Unter Maria Theresia werden deutsche Handwerker und Siedler in dem verwüsteten Land angesiedelt.
1780 Maria Theresias Sohn, Joseph II., wird ihr Nachfolger auf dem Habsburgerthron. Vier Jahre später führt er in Ungarn Deutsch als Amtssprache ein.
1848 Die »Märzjugend« um den Dichter Sándor Petőfi löst die Märzrevolution aus.

1849 Die Unabhängigkeitserklärung von Debrecen fordert die Entthronung der Habsburger. Wien bezwingt mit russischer Hilfe den Aufstand. Sándor Petőfi fällt.
1867 Ferenc Deák handelt den österreichisch-ungarischen Ausgleich aus, die k. u. k. Monarchie entsteht. Franz Joseph I. und Elisabeth (»Sisi«) werden Königspaar von Ungarn.
1873 Die Städte Buda, Pest und Óbuda schließen sich zu Budapest zusammen.
1896 Große Feierlichkeiten anlässlich des 1000. Jahrestages der Landnahme.
1914–1918 Erster Weltkrieg. Die Doppelmonarchie zerfällt, Ungarn wird zur Republik.
1919 133 Tage kommunistische Räterepublik. Rumänische Truppen besetzen Budapest.
1920 Admiral Miklós Horthy wird Reichsverweser.
Im Friedensvertrag verliert Ungarn zwei Drittel seines Territoriums, drei Millionen Ungarn leben fortan außerhalb der Landesgrenzen.
1941 Kriegseintritt Ungarns an der Seite Hitler-Deutschlands. Zunehmender Antisemitismus.
1944 Einmarsch deutscher Truppen in Ungarn. Deportation der jüdischen Bevölkerung. Ca. 500 000 ungarische Juden kommen ums Leben.
1945 Besetzung durch die Rote Armee, die im Land bleibt. Etwa 250 000 Ungarndeutsche werden ausgewiesen.
1949 Ungarn wird Volksrepublik. Es folgt die »Diktatur des Proletariats« unter dem Stalinisten Rákosi.
1953–1955 Imre Nagy ist ungarischer Ministerpräsident.
1956 Volksaufstand im Oktober blutig niedergeschlagen durch sowjetische Panzer.
1958 Imre Nagy wird als Hochverräter hingerichtet.
Ab 1970 Zunehmende Liberalisierung und wirtschaftlicher Aufschwung auf Kosten einer starken Auslandsverschuldung. János Kádár führt den »Gulaschkommunismus« ein.
1989 Ungarn öffnet seine Grenzen zu Österreich. Ausrufung der Republik. DDR-Bürger können ungehindert durch Ungarn nach Westdeutschland ausreisen.
1990 Freie Wahlen. Das ungarische Demokratische Forum (MDF), die Kleinlandwirtepartei (FKGP) und die Christdemokraten (KDNP) bilden eine Regierungskoalition unter József Antall (MDF).
1994 Bei den Parlamentswahlen erringt Gyula Horn mit der sozialistischen Partei MSZP die absolute Mehrheit.
1999 Ungarn wird Mitglied der NATO.
2000 Mit Zyanid verseuchtes Wasser aus einer Silbermine in Rumänien verursacht in der Theiß ein Massenfischsterben.
2002 Seit Mai stellen Sozialisten (MSZP) und Liberale (SZDSZ) die Regierung. Das UNESCO-Weltkulturerbe wird in Budapest um die Straße Andrássy ut erweitert. Auch das Weinbaugebiet Tokaj gehört fortan zum Weltkulturerbe.
Imre Kertész erhält den Nobelpreis für Literatur.
2004 Am 1. Mai wird Ungarn Mitglied der EU. Die Euro-Einführung ist für 2010 geplant.

CARTE D'OR
PIAZZA

Kultur gestern und heute

Architektur

Römerzeit und Mittelalter

Ungarn, das ein Jahrtausend lang teils Aufmarschgebiet, teils Brücke zwischen Ost und West war, ein Land am Schnittpunkt zweier Welten und häufig unter fremder Herrschaft, konnte seine kulturelle Identität lange nur schwer finden; über Jahrhunderte hinweg wurde seine Kultur von den verschiedensten Einflüssen geprägt.

Die eindrucksvollsten baulichen Zeugnisse aus der Römerzeit gingen in den Wirren der Völkerwanderung und der ungarischen Landnahme zugrunde, doch weisen Funde in der ehemaligen Provinz Pannonien auf große architektonische Leistungen der römischen Besatzer hin.

Baudenkmäler des Mittelalters sind spätromanische und gotische Kirchen, durch westeuropäische Bauschulen und die byzantinische Kunst beeinflusst. Relikte mittelalterlicher Bauten, großenteils im Mongolensturm von 1241 zerstört, sind noch in Pécs, Esztergom und Tihany zu finden; unzerstört oder als eindrucksvolle (konservierte) Ruinen blieben die Kirchen von Ják, Lébény und Zsámbék erhalten. Im 15. Jh. war es König Matthias Corvinus, der den Einzug der Renaissance förderte. Er veranlasste den Bau repräsentativer Prachtbauten dieser Stilrichtung in Buda, Visegrád, Pécs und Esztergom. Die meisten wurden von den Türken zerstört oder umgestaltet. Den Türken sind andererseits einige großartig ornamentierte Gebäude aus dem 16. und 17. Jh. zu verdanken: die moscheeartigen Badehäuser in Budapest, die Moscheen in Pécs oder das Minarett in Eger.

Im Zentrum zeigt die Universitätsstadt Pécs barocke Züge

Glanzvolle Zeit des Barock

Viele Baudenkmäler stammen aus der Zeit nach den Türkenkriegen, der Epoche des Barock. In Transdanubien sind zahlreiche Kirchen und Schlösser erhalten, etwa Schloss Esterházy in Fertőd oder die Burg in Sárvár. Abgelöst wurden Barock und Rokoko von jenem typisch ungarischen Zopfstil, der den Übergang zum Klassizismus markiert (z. B. das Schloss in Tata oder das einstige Lyzeum in Eger).

Der Klassizismus wurde der erste eigenständig-ungarische Baustil. Seine Strenge war die magyarische Antwort auf das Rokoko der Habsburger (z. B. die Innenstadt von Debrecen).

Literatur und Musik

Schon die Kultur des 18. Jhs. war von der Auflehnung gegen das Haus Habsburg geprägt. Im neu eröffneten Budaer Burgtheater und im Theater in Balatonfüred wurden nur ungarische Stücke gespielt, die erste ungarischsprachige Zeitung erschien, und 1810 konnte das Ungarische Nationalmuseum gegründet werden.

Der Wunsch nach nationaler Eigenständigkeit machte sich bereits vor der revolutionären Erhebung von 1848 bemerkbar. Dichter wie Sándor Petőfi, Mihály Vörösmarty oder János Arany wurden mit ihren patriotischen lyrischen Werken zu Volkshelden.

Nach der Niederschlagung der Revolution zogen die Habsburger die Zügel wieder fester an. Nur allmählich behauptete sich Ungarn in der k. u. k. Monarchie auch kulturell. Monumentalbauwerke wie das Parlament in Budapest entsprachen dem Bedürfnis, mit Wien gleichzuziehen. Ende des 19. Jhs. kamen ungarische Komponisten zu Weltruhm. Franz Liszt führte in der Matthiaskirche die Krönungsmesse auf und gründete mit Ferenc Erkel die Budapester Musikakademie.

Das 20. Jahrhundert

Zu Beginn des 20. Jhs. war Budapest eines der Kulturzentren Europas, in den Kaffeehäusern der Stadt, am Balaton, in der Künstlerkolonie Gödöllő trafen sich Kreative und Intellektuelle. Auch in der Architektur fand das neue Selbstbewusstsein starken Ausdruck. Nirgendwo hat der Jugendstil, hier Sezessionsstil genannt, das Gesicht der Städte so geprägt wie in Ungarn.

Die Passion des einfachen Volkes war die Operette. Emmerich Kálmán wurde vergöttert, seine »Csárdásfürstin« garantierte volle Häuser.

Nach dem Ersten Weltkrieg und der Auflösung der k. u. k. Monarchie galt es für die Ungarn erneut, ein nationales Trauma zu verarbeiten. Es hatte zwei Drittel des Staatsgebietes verloren, mehr als 3 Millionen Ungarn lebten plötzlich außerhalb des Landes.

Die 1920er-Jahre kennzeichnete eine außerordentliche Produktivität in der Literatur. Auch waren sie die Zeit der großen Filme. Ungarische Regisseure wie Alexander Korda und Michael Curtiz gelangten in England und Amerika zu Weltruhm. In der Musik fanden Béla Bártok und Zoltán Kodály mit ihren Volkslieder-Sammlungen und den davon inspirierten Kompositionen international Anerkennung. In den 1930ern verließen viele Künstler und Intellektuelle angesichts der faschistischen Gefahr das Land, andere versuchten dagegen anzuschreiben.

Sozialismus und Gegenkultur

In den ersten Jahrzehnten nach dem Zweiten Weltkrieg fand Ungarn nicht wieder zu seiner einstigen kulturellen Bedeutung zurück. Viele Zeitungen und Zeitschriften wurden verboten, die Verbreitung der Werke kritischer Schriftsteller verhindert (s. unten). Doch je mehr das Land kulturell im Mittelmaß versank, desto stärker entwickelte sich im Untergrund eine Ge-

Gegen die Mächtigen

Literatur hat in Ungarn einen hohen Stellenwert. Ihre Themen bezogen die Autoren immer schon aus der nationalen Geschichte, über Jahrhunderte aus dem Unabhängigkeitskampf des Landes.

Sándor Petőfi (1823–1849) war mit seinen flammend-patriotischen Gedichten Wegbereiter und tatkräftiger Mitstreiter in der 1848er-Revolution. Auch das historische Drama »Bánk bán« von **József Katona** (1791–1830), in dem es um Fremdherrschaft und die Unterdrückung der Bauern geht, spielte im Vorfeld und in der Revolution selbst eine zündende Rolle. In der Vertonung von **Ferenc Erkel** (1810–1893) wurde es zur Nationaloper der Ungarn.

Bei Katona und Petőfi wie auch bei **Mihály Vörösmarty** (1800–1855), dem größten ungarischen Lyriker **János Arany** (1817–1882) und dem Erzähler **Mór Jókai** (1825–1904) zieht sich die Sehnsucht nach nationaler Eigenständigkeit wie ein roter Faden durch das Werk. **Imre Madách** (1823–1864), der nach der Niederwerfung des Freiheitskampfes verfolgt war, schuf die dramati-

genkultur. Die staatlich verordnete Arbeiterkunst wurde nie wirklich akzeptiert. Der alte Trotz der Magyaren, die »Jetzt-erst-recht-Haltung«, war für viele Künstler bestimmend. Junge Intellektuelle und Künstler machten Budapest zum Hort einer Gegenkultur.
Seit 1989 nimmt die Amerikanisierung auch in der Kulturszene unaufhaltsam ihren Lauf. Theater-, Opern- oder Konzertaufführungen sind inzwischen für viele unbezahlbar geworden. Aber es keimt ein Hoffnungsschimmer. Sie entwickelt sich wieder, die Gegenkultur. Galerien veranstalten Vernissagen, am Balaton gibt es Künstlerkolonien, »Independent«-Musiker erfreuen sich einer wachsenden Fangemeinde. Das Publikum erlebt die Rückkehr zu einem Zustand, wie man ihn von jeher kannte. Nur die Grundlagen des Systems sind jetzt andere.

sche Dichtung »Az ember tragédiája« (Die Tragödie des Menschen), die oft mit Goethes »Faust« verglichen wird.

Gegen die Habsburger, den drohenden Ersten Weltkrieg und mit sozialem Engagement schrieben die Literaten um den alles überstrahlenden Lyriker **Endre Ady** (1877–1919) in der 1908 gegründeten programmatischen Literaturzeitschrift »Nyugat« (Der Westen). Später wandten sich der Dichter **Attila József** (1905–1937), **Gyula Illyés** (1902–1983) und andere gegen den aufkeimenden Faschismus, mit ihnen auch der Romancier und Dramatiker **László Németh** (1901–1975).

Viele Literaten gingen ins Exil oder ins Gefängnis, andere fielen dem Rassenwahn zum Opfer, darunter **Miklós Radnóti** (1909–1944), der seine Verschleppung ins Todeslager in dem erschütternden Gedicht »Gewaltmarsch« beschrieb.

Nach dem Krieg gab es in Ungarn zunächst ein reges literarisches Leben; doch in den 1950er-Jahren kamen politische Gleichschaltung, künstlerische Krisen, Anpassung oder Schweigen. Der parteiamtlich verordnete »sozialistische Realismus« zeitigte keine nennenswerten Werke.

Auch nach der Lockerung der politischen Kontrolle Anfang der 1960er-Jahre gab es kein Arbeiten ohne Bevormundung. Viele publizierten im Ausland, so der Soziologe und Schriftsteller **György Konrád** (geb. 1935), dessen bekanntestes Werk »A látogató« (Der Besucher) 1982 in den Niederlanden verfilmt wurde.

Seit 1989 erscheinen zunehmend mehr Übersetzungen bei ausländischen Verlagen, so von bedeutenden Autoren wie **György Dalos** (geb. 1943), **Péter Nádas** (geb. 1942) oder **Péter Esterházy** (geb. 1950). Eine posthume Renaissance erleben die Werke von **Sándor Márai** (1900–1989). Seine Tagebücher (Napló) legen ein erschütterndes Zeugnis vom Kampf um Identität im Exil ab.

Ein Höhepunkt für die ungarische Literatur war 2002 die Verleihung des Literaturnobelpreises an **Imre Kertész,** dessen Bücher Erlebnisse des Holocaust spiegeln.

Feste & Veranstaltungen

- **Januar:** **Ball der Schwaben** in der Budapester Hochschule für Wirtschaftswissenschaften.
- **Februar:** **Faschingsbälle** einzelner Berufsgruppen und nationaler Minderheiten.
Heiduckenfasching in Debrecen, eine traditionelle Veranstaltung mit Festivitäten den ganzen Monat über. **Wintervertreibung** am letzten Faschingssonntag in Mohács, *busójárás* (Busó-Laufen) genannt. Dabei ziehen Maskierte, begleitet von schriller Musik, in rituellen Tanzschritten durch die Straßen.
- **März:** Das **Budapester Frühlingsfestival** zieht alljährlich auch Tausende von ausländischen Besuchern an. Opern- und Theateraufführungen, klassische sowie Jazz- und Popkonzerte.
Der 15. März ist der **Gedenktag der Revolution** von 1848 und ein Feiertag. Man zieht zu den diversen nationalen Gedenkstätten.
- **April:** **Ostern** wird mit einem heidnischen Fruchtbarkeitsbrauch *(locsolás)* gefeiert, bei dem junge Männer die Mädchen mit Parfüm besprühen.
- **Mai:** Am 1.5., dem **Tag der Arbeit,** trifft man sich nach alter Tradition im Budapester Stadtwäldchen zum Picknick.
- **Juni:** Nach bestandenem Schulabschluss ziehen Schüler singend durch die Städte. Beginn des **Helikon-Festivals** in Keszthely. Zwei Monate lang finden Konzerte mit klassischer Musik im Schloss statt. Burgtheater in der Burg zu Gyula.
Theatertage vor der Prämonstratenserkirche in Zsámbék.
- **Juli:** Die Saison der **Freilichtkonzerte** in Budapest wird eröffnet, v. a. auf der Bühne der Margareteninsel.
Mitte des Monats beginnt das **Budapester Jazzfestival.** 26. Juli: **Annenball** in Balatonfüred, ein traditionell gesellschaftliches Ereignis. **Konzertreihe** in Szentendre mit Klassik, Oper, Folk und Jazz. **Freilichtspiele** in Szeged mit Opernaufführungen, klassischen Konzerten und Rockopern auf dem Domplatz. **Palastspiele** in Visegrád mit Ritterspielen in traditionellen Kostümen.
- **August:** 20.8. **St.-Stephans-Tag** zu Ehren König Stephans I.; gefeiert wird in Budapest mit einem großen Feuerwerk. **Esterházer Lustbarkeiten** in Fertőd. Oper, Ballett, Klassik, Marionettentheater und Schauspielaufführungen im Schloss Esterházy. **Internationales Blumenfestival** mit Umzug am 20.8. in Debrecen. **Brückenmarkt** in Hortobágy mit traditionellen Reiterspielen und folkloristischen Vorführungen am 20.8.
- **September:** **Lipizzanerfestival** in Szilvásvárad. Pferdeschau mit diversen Vorführungen. Am 25.9. beginnen die **Budapester Festwochen** mit anspruchsvollen klassischen Konzerten und zahlreichen Ausstellungen.
- **Oktober:** 23.10. **Gedenktag an die Revolution von 1956.** Oktober ist der **Monat der Museen,** überall mit neue Ausstellungen.
- **November:** **Allerseelen** wird in Ungarn traditionell feierlich begangen; die Gräber werden geschmückt und Kerzen angezündet.

Essen und Trinken

Ungarn ist ein Land der Regionen und entsprechend sind die Ess- und Trinkgewohnheiten seiner Bewohner regional geprägt. Viele traditionelle Gerichte sind bäuerlichen Ursprungs bzw. gehen auf Gewohnheiten der Hirten zurück. Das *gulyás* (Gulasch), das weltweit als das ungarische Nationalgericht gesehen wurde, war ursprünglich die Suppe der Rinderhirten in der Puszta, die sie im Kessel über dem offenen Feuer kochten. So entstand der Eintopf aus gewürfeltem Rindfleisch, goldgelb gedünsteten Zwiebeln, Suppengemüse, Kartoffeln, gezupften Nockerln (Teig aus Mehl, Ei, Salz), kräftig abgeschmeckt mit Gewürzen und Paprika.

Paprika

Das Zauberwort der ungarischen Küche heißt Paprika. In den Sommermonaten kann man auf den Wochenmärkten die vielfältigen Varianten der Wärme liebenden Pflanze bestaunen. Zu frischen Salaten und dem beliebten Paprikagemüse Letscho *(lecsó)* werden die Sorten der wohl schmeckenden, vitaminreichen Spitzpaprika verwendet. Sauer eingelegt und mit Kraut gefüllt begeistert Apfelpaprika die Feinschmecker, geliebt und gefürchtet ist die scharfe Kirschpaprika. Gewürzpaprika, edelsüß oder scharf, verleiht ungarischen Speisen ihren einmaligen Geschmack und Farbe.

Enthäuten Sie die Paprika vor dem Dünsten, denn die Schale schmeckt leicht bitter und ist schwer verdaulich. Das Gemüse dafür unter den Grill schieben, bis die Haut Blasen wirft, und dann kalt abschrecken.

2004 erschütterte der Paprikaskandal die Grundfesten des Landes. Glücklicherweise nur kurz, denn nach genauer Untersuchung konnten innerhalb weniger Tage mehr als 90 % der Erzeugnisse in die Regale zurückkehren. Dass aber die renommiertesten Paprikahersteller überhaupt südamerikanisches Paprikapulver einkauften und unter landeseigenes mischten, empörte die Ungarn zutiefst.

Fleischgerichte

Ungarns Küche ist deftig, einfach und schwer; sie basiert auf einer Hand voll Grundrezepten. Das bei uns bekannte Gulasch, ein Rezept der Wiener Küche, nennt man im Land *pörkölt*. Mit reichlich Schmalz und Zwiebeln wird es aus Rind-, Kalb-, Schweine-, Lamm-, Wild- oder Hühnerfleisch zubereitet, selten nur noch aus den einst beliebten Kutteln *(pacalpörkölt)*.

Die abgewandelte Version des *pörkölt* heißt *paprikás*, verfeinert mit einem Schuss saurer Sahne, viel rotem Paprikapulver und Paprikastreifen. Für *paprikás* nimmt man oft auch Huhn, Kaninchen oder Karpfen. Als Beilagen gibt es zu beiden Gerichten *galuska* (Mehlnockerln), Kartoffeln oder Reis.

Rostbraten und Wildgerichte

Beliebt sind Braten aller Art mit einer sämigen Soße: der Jungfernbraten *(szűzpecsenye)* vom jungen Schwein, nach Bozsoker Art mit Schweinemett gefüllt; oder der Rostbraten *(rostélyos)*, ein Schmorbraten in verschiedensten Variationen immer aber mit einem Lendenstück oder Roastbeef als Grundlage.

Bekannt ist der Rostbraten aus Hortobágy, der mit einem Grießkloß und viel Kräutern serviert wird, oder der

Frischer Fisch schmeckt am besten an Donau und Theiß

Rostbraten nach Art des Fürsten Esterházy mit einer Soße aus Sauerrahm, Senf und Gemüsestreifen.

In waldreichen Gebieten wie um Eger oder Pécs kommt viel Wild auf den Tisch, als Braten oder als *pörkölt,* möglichst in einer dunklen Rotweinsoße und lange geschmort.

Kurz Gebratenes wird in Ungarn meistens paniert. Nach alter k. u. k. Tradition hüllen ungarische Köche (und Hausfrauen) schier alles Verzehrbare in einen Bröselmantel und backen es in reichlich Schweineschmalz aus. Schnitzel, Fische, Pilze, Käse – nichts entgeht dem heißen Fettbad.

Kohl als Hauptgericht

In Ungarn wurden bestimmt mehr Zubereitungsarten für Kohl erprobt als in jedem anderen Land. *Székelygulyás,* auch *Székelykáposzta* (Szeklerkohl), ist eine Art Schweine-Pörkölt mit Sauerkraut und saurer Sahne. *Kolozsvári rakott káposzta* wird mit Sauerkraut, Reis, Wurst und Fleisch in Lagen gekocht – deftige, kalorienreiche Kost.

Fischgerichte

Eine Spezialität sind Süßwasserfische, allen voran der *balatoni fogas,* ein Zanderabkömmling, der nur im Balaton vorkommt. Der *fogas* wird bis zu 10 kg schwer, hat kaum Gräten und ein festes weißes Fleisch. Hat der Zander weniger als 1 kg, heißt er *süllő* und gilt als besonderer Leckerbissen. Man sollte also darauf achten, kleinere Fogas-Exemplare oder Filetstücke vom Grill zu bekommen. Mit etwas Zitronensaft und dazu das herrliche (unbedingt frische!) ungarische Weißbrot ist dies im Sommer – zusammen mit einem leichten Weißwein – ein wunderbares Gericht. Auch andere Fische wie Karpfen, Wels, Forelle, Hecht und Stör schmecken vom Grill am besten. Auf neumodische Trendkost wie die häufig angebotenen Krabben kann man getrost verzichten.

Köstliche Fischsuppe

Eine Köstlichkeit ist die *halászlé,* die Fischsuppe, die leider in ihrer Urform kaum noch zu bekommen ist, weil die Zubereitungsprozedur sehr aufwendig ist. Dieses beliebte ungarische Gericht, das nur aus Wasser, Fisch, Salz, Paprikapulver und Zwiebeln komponiert wird, gibt es, je nach Region, in mehreren verschiedenen Variationen.

Halászlé isst man meist als ersten Gang, gefolgt von einem Teller *túróscsusza,* einer Art österreichischer Topfenfleckerln. Dies sind Quarknudeln mit Sauerrahm und Grieben, ausgelassenen, knusprigen Speckwürfeln.

Was die alten Balaton-Fischer noch wussten: Bereitet man einen **Karpfen** zu, sollte man unbedingt die Rückenflosse entfernen, sonst schmeckt der Fisch muffig und nach Brackwasser.

Die grüne Küche

Unter der Rubrik »Vegetarisch« findet der Gast in den Wirtshäusern eine immer reichere Auswahl an leichten, vitaminreichen Gerichten. Frisches Gemüse (Paprika aller Art, Tomaten, Zwiebeln) genießen die Ungarn im Sommer am liebsten roh – dazu frisches Weißbrot, einer Scheibe Speck oder Wurst. Viele Feinschmecker schwärmen, sie könnten sich wochenlang nur von Tomatensalat ernähren. In kaum einem Land gedeihen aromatischere »Paradeiser« als in Ungarn. Dies liegt an den Sorten, den überdurchschnittlich vielen Sonnenstunden und den nährstoffreichen Böden; letztlich aber auch daran, dass die Tomaten reif geerntet werden. Preiswert, lecker und sättigend sind zarte junge Maiskolben. Man kann sie in der Saison vielerorts an Spezialständen direkt aus dem Kochtopf kaufen.

Salate als Beilage zu den gehaltvollen ungarischen Speisen werden der Bekömmlichkeit halber in der Regel sauer angemacht. Typisch ist auch die Zubereitung von Gemüse als *főzelék*, in einer gebundenen Mehlschwitze.

In sehr heißen Perioden ersetzen eine kalte Sauerkirschsuppe *(meggyleves)* oder herrlich frische Wasser- und Honigmelonen aus der Tiefebene das Mittagessen.

Mehlspeis-Tradition

Beim Nachtisch schlägt die Stunde der Schleckermäuler. Allen voran ist Palatschinken *(palacsinta)* zu empfehlen, ein Relikt aus der k. u. k. Zeit. Dieser Pfannkuchen muss hauchdünn sein und wird mit Süßem gefüllt, als Vorspeise auch mit Käse oder Hackfleisch. Eine der besten Palatschinken ist die Gundel-Palatschinke, benannt nach dem Budapester Spitzengastronomen Károly Gundel. Sie ist gefüllt mit einer Nussfarce, übergossen mit bitterer Schokolade und wird am Tisch flambiert.

Die neue Zeit am Kiosk – westliche und traditionelle Produkte friedlich vereint

Gourmet-Sterne

Nach Gundel benannt ist auch eines der besten ungarischen Restaurants im Budapester Stadtwäldchen. Gab es vor einigen Jahren in der Provinz nichts als die reine Schweineschmalz- und Schnitzelküche, haben nun junge, ehrgeizige Gastronomen in allen Landesteilen und besonders in den größeren Städten die Zeichen der Zeit erkannt und verwöhnen den Gast mit gehobener Kochkunst. Große Summen wurden in den Bau neuer Hotels und Restaurants investiert, auch in der Gastronomie sind neue Maßstäbe gesetzt.

Zum Glück ist noch immer jene Art von Gaststätte anzutreffen, die sich hoffentlich überall halten wird: der einfache *étterem*, die schlichte Speisegaststätte. Dort gibt es ein herrliches *pörkölt*, solide, gute Hausmannskost eben. Das ist der Ort, wo auch verwöhnte Gourmets ihre glücklichen Momente haben.

Edle Tropfen, ein kühles Blondes und starke Brände

Auch in Sachen geistige Getränke hat sich in Ungarn einiges getan. Schon immer waren die Ungarn eine Weinbaunation, gute Böden und 2000 Sonnenstunden pro Jahr bieten hierfür die besten Voraussetzungen. Doch zu sozialistischen Zeiten legte man mehr Wert auf Quantität als auf Qualität.

Diese Methode der staatlichen Kellereien ist zum Glück Geschichte, die Vernünftigen unter den Winzern gewinnen allmählich die Oberhand. Überall im Land versuchen sich ehrgeizige private Weinbauern in der Herstellung hochwertiger **Weine,** oft mit überwältigendem Erfolg, und knüpfen somit an alte Traditionen an.

Historische Spitzenlagen gibt es etwa bei Badacsony am Plattensee-Nordufer (wo einige hervorragende Weißweine, z. B. Welschriesling, Grauburgunder und Chardonnay, gedeihen), bei Eger im Nordosten des Landes, bei Villány im Süden und bei Sopron in der Nachbarschaft von Österreich oder im Gebiet um Tokaj (s. S. 82). Einige Rotweine aus Villány brauchen den Vergleich mit französischer Konkurrenz nicht zu scheuen. Zu empfehlen sind dort Merlot, Cabernet und Pinot noir.

Natürlich können Weine dieser Güte nicht zu den Pfennigpreisen verkauft werden, die Ungarn-Reisende seit Jahrzehnten gewohnt waren. Ein guter Wein ist sein Geld wert, denn in ihm steckt viel Arbeit. Dennoch ist guter Wein immer noch um ein Drittel preiswerter als ein vergleichbarer Franzose.

Für Biertrinker interessant ist ein weiterer positiver Trend. Überall entstehen neue kleine Privatbrauereien. Sie stellen ein hervorragendes, meist herbes **Bier** her, das nur eine Woche haltbar ist. Ein Tipp für Kenner: Beim Kauf darauf achten, dass unfiltriertes, trübes Bier abgefüllt wird. Das ist bedeutend aromatischer als das klare. Die Adressen der kleinen Brauereien sind bei den Touren genannt.

Freunde härterer Getränke schließlich kommen auch immer mehr auf ihre Kosten. Gebrannt wird in Ungarn von jeher, doch floss manchmal Markerschütterndes aus der Destille. Selbst bei *barack pálinka,* dem **Schnaps** aus Aprikosen, musste (und muss) man sehr auf die Qualität achten.

Der beste Barack kommt immer noch aus Kecskemét. Kleine Brenner gehen verstärkt dazu über, auch hervorragende mehrfach destillierte Brände herzustellen. Man sollte in jedem Restaurant nach ihnen fragen. Ein besonderer Tipp ist *törköly* (Trester, Grappa), dessen Qualität oft berauschend ist. Der beste Pflaumenbrand kommt aus der Gegend um Szatmárcseke nahe der Grenze zur Ukraine. Der *szatmári szilva* ist samtig und von bräunlicher Farbe, ein Hinweis darauf, dass er lange Jahre im Fass gereift ist. Wird er irgendwo ausgeschenkt, sollte man sofort fragen, ob der Wirt auch Zimmer vermietet.

Urlaub aktiv

Schon in früheren Jahrhunderten hatte Ungarn seinen Gästen mehr zu bieten als Puszta, deftiges Essen und schwere Weine. Budapest, Balatonfüred und andere Kurorte waren bereits im 18. Jh. Ziel für Badegäste, die die heilenden Thermalquellen schätzten, aber auch für Künstler und Intellektuelle. Auch Reiten und Angeln haben Tradition. Viele Urlauber genießen das flache Land als Paradies für Radfahrer, ebenso wie die Wälder zum Wandern und Jagen. Für Sportarten wie Surfen und Segeln ist der Balaton ideal, die Flüsse bieten sich für Wasserwandertouren an. Sogar Skifahren ist möglich: Im Bükk- und im Mátra-Gebirge gibt es mehr als 50 Pisten mit Liften und eine große Zahl gespurter Loipen. Tennisplätze gehören heute zum Standard fast aller größeren Hotels.

Reiten

Zahlreiche Gestüte und Reitschulen überall im Land vermieten Pferde und bieten Reitkurse, Wanderreiten und Kutschfahrten an. Auch das Gespannfahren kann man erlernen. Manche Höfe sind auf erfahrene Reiter spezialisiert und haben nur Spitzenpferde im Stall stehen (vgl. Special »Auf dem Rücken der Pferde«, S. 8/9).

Radfahren

Der Zweiradboom hat auch Ungarn erreicht. Besonders schön sind Touren am Donauknie, nördlich von Budapest bis Tata, in der Hortobágy-Puszta, im Bükk- und Mátra-Gebirge, in der Gegend westlich von Pécs, am Balaton und in seinem nördlichen Hinterland.

Wandern

Markierte Wanderwege wurden vor allem in den Gebirgsregionen, im nördlichen Hinterland des Balaton und dem angrenzenden Bakony-Gebirge angelegt. Auch die Budaer Berge nahe der Hauptstadt bieten großartige Wanderwege, mit dem Sessellift ist man vom Zentrum sehr schnell in den Wandergebieten. Auch in den Ausläufern der Alpen im Grenzgebiet zu Österreich wird gewandert. Herrliche Waldgebiete wie das Zempléner Bergland entlang der slowakischen Grenze, sind noch unerschlossen. Detaillierte Wanderkarten bekommt man im Fachhandel auch außerhalb Ungarns.

Angeln

Ungarn ist mit über 3200 km fließenden und 1970 km² stehenden Gewässern ein Paradies für Angler. Am Balaton und an der Donau ist das Angeln verbreitet. Fischfang an der Theiß ist wieder unbedenklich möglich.

i Auskünfte beim ungarischen Anglerverband: **MOHOSZ,** Korompai u. 17, H-1124 Budapest, Tel. 1/319-9790, 1/319-9792, www.mohosz.hu.

Surfen und Segeln

Auf dem Balaton weht fast immer eine steife Brise und der Segelsport hat hier eine lange Tradition. Schon um 1900 veranstalteten honorige Klubs Segelregatten. Zentrum des Segelsports ist Balatonfüred. Surfbretter kann man während der Saison in fast jedem Ort mieten. Motorboot- und Jet-Ski-Fans können ihrer Leidenschaft auf dem Theiß-See frönen.

Ungarn, Land der Bäder

Die heilende Kraft der ungarischen **Thermalquellen** wussten bereits die Römer zu schätzen. In der Stadt Aquincum (heute Teil von Budapest) errichteten sie große mosaikgeschmückte Bäder mit Warm- und Kaltbecken zu durchblutungsfördernden Wechselbädern für ihre rekonvaleszierenden Krieger. Die Türken bauten im 16. und 17. Jh. eine Vielzahl jener Badehäuser mit herrlichen Kuppeln, die teils heute noch zu benutzen sind.

Später nahm man vom Baden eher Abstand. Man fürchtete, die Pest könnte in den Bädern übertragen werden, und nahm es auch sonst mit der Reinlichkeit nicht so genau. Im 19. Jh. jedoch begann die große Zeit der ungarischen Bäderkultur. Budapest durfte sich als einzige Großstadt der Welt mit dem Attribut »Bad« schmücken. Auch am Balaton, im nahen Hévíz, in Harkány, Eger und vielen anderen Orten bemühte man sich schon damals um »Aktivurlauber«, Menschen, die ihrem Körper Gutes gönnen.

Ungarn ist das an Thermalquellen reichste Land Europas – 135 anerkannte Heilwasserquellen sprudeln an die Erdoberfläche. Bäder und Trinkkuren bringen gute Erfolge bei Rheumatismus, Neuralgien, Krankheiten der Bewegungsorgane, Entzündungsprozessen und zur Rekonvaleszenz.

90 Heilbäder und Thermalhotels in ganz Ungarn verwöhnen ihre Gäste. **Héviz,** wo man von einem hölzernen Badehaus von 1795 in einen etwa 30 °C warmen natürlichen Thermalsee gleiten kann, hat sich zu einem Wellness-Paradies modernster Prägung entwickelt, während die alten Bäder der ungarischen Hauptstadt zwar modernisiert wurden, aber ihr historisches Ambiente bewahrten. Nachfolgend eine Auswahl Budapester Bäder:

- **Gellért,** XI., Kelenhegyi út 2–6, im Hotel Gellért. Ein herrlich ausgestattetes Jugendstilbad (mit Freibad), gespeist von 13 Quellen.
- **Rudas,** I., Döbrentei tér 9 (Thermalbad nur für Männer). Eines der schönsten Budapester Bäder. Es wurde im 16. Jh. von den Türken erbaut und wird von einer dunklen Kuppel überwölbt, in die winzige bunte Fenster eingelassen sind.
- **Király,** II., Fő utca 84. Erbaut um 1570 von Pascha Sokoli Mustafa, ebenfalls mit einem überkuppelten achteckigen Becken.
- **Széchenyi,** XIV., Állatkerti körút 11, im Stadtwäldchen. Neobarockes, 12 000 m² großes Volksbad aus dem Jahre 1881. Selbst im tiefsten Winter stehen hier ältere Herren im natürlich heißen Wasser des Freibeckens und spielen ihre Schachpartie auf schwimmenden Brettern.
- **Lukács,** II., Frankel Leo út 25–29. Klassizistisches Bad aus dem 19. Jh., in dessen Mauern die Reste einer mittelalterlichen Mühle integriert wurden.
- **Grand Hotel Margitsziget** auf der Margareteninsel: Besitzt die modernsten Wellness-Einrichtungen der Stadt, die nicht nur Hotelgäste nutzen können (Tel. 889-4700).

Unterkunft

Nur wenige Wirtschaftsbereiche boomen in Ungarn so stark wie die Hotellerie und nur in wenige wurde so viel investiert. Landesweit hat man neu gebaut und Bestehendes gründlich modernisiert. So findet man allerorten gute Unterkünfte, von der Privatpension bis hin zum Luxushotel. Der Anteil der deutschen und österreichischen Urlaub beträgt gut 40 %, aber auch bei Skandinaviern, Holländern und Italienern ist Ungarn beliebt.

Stadthotels

In Budapest sind etwa 60 000 Gästebetten verfügbar. Außer über Weihnachten und Silvester, während des Frühjahrsfestivals oder im August, wenn am Hungaroring das Formel 1-Rennen stattfindet, bekommt man fast immer ein Zimmer. Für diese Zeiten sollte man vorbestellen. Außer in den Hotels der Spitzenklasse liegen die Zimmerpreise etwa um ein Drittel unter denen in anderen europäischen Großstädten.

Preislich auf gleichem Niveau liegen die Städte Pécs, Debrecen, Eger, Szeged und Győr. Dort ist das Angebot weitaus geringer und es kann z. B. bei Festivals zu Engpässen kommen. Auch gibt es kleinere Städte, wo nur fünf bis sechs Hotels und einige Privatunterkünfte zur Verfügung stehen.

Privatpensionen

Groß ist das Angebot an Privatpensionen *(panzió)*, deren Zimmer meist mit Bad, Fernseher und Minibar ausgestattet sind. Im Zimmerpreis enthalten ist das Frühstück.

Vor allem auf dem Land findet man schöne private Pensionen

Schlosshotels

Edle Nächte bieten die Schlosshotels überall im Land. Manche dieser Adelspaläste aus der Zeit um 1900 wurden schon in der sozialistischen Ära zu Hotels umgebaut, andere erst jüngst renoviert. Auch wenn die Stiltreue des Interieurs gelegentlich zu wünschen übrig lässt, ist ein Aufenthalt in diesen Gebäuden mit Vergangenheit ein Erlebnis. In der Nebensaison kann man günstige Pauschalangebote nutzen. Einige Adressen werden in den Touren genannt (vgl. Special »Das Flair des Adels erleben«, S. 6/7).

Camping

Ein dichtes Netz von Campingplätzen überzieht das Land (geöffnet meist Mai–Sept.). Es wurde viel investiert, der Standard hat sich gebessert, ist aber noch nicht überall gut. Eine Broschüre mit den in drei Kategorien eingeteilten und mit Sternen benoteten Plätzen vertreiben die Ungarischen Tourismusämter (s. S. 99 f.).

Urlaub auf dem Land

Nicht nur für Familien bietet sich ein Aufenthalt in einer landlich-ruhigen Umgebung an, um sich beim Reiten, Wandern oder Radfahren zu erholen. Das Angebot reicht von der Ferienwohnung bis zum Wochenendhaus. Das Zentrum für Dorftourismus versendet einen Katalog:

H-1074 Budapest, Dohány u. 86,
Tel. 343-4130, Fax 1-321-4396,
E-Mail: ftur@ftur.hu.
Über die Homepage www. falutur.hu besteht auch die Möglichkeit, online zu buchen.

Das offizielle **Jugendherbergsverzeichnis** gibt es beim Tourismusamt (s. S. 99 f.).

Hotelpracht zu Zeiten der Doppelmonarchie

Ungarn hat eine große Tradition als Land der exklusiven Hotels. In der Zeit der Doppelmonarchie gehörte es zur Lebensart der »besseren Gesellschaft«, in die Metropolen und Urlaubsregionen des k. u. k. Reiches zu reisen. Damals entstanden prunkvolle Hotelpaläste, die teilweise heute noch die Atmosphäre jener großen Epoche atmen.

Seinerzeit konnten es sich Künstler, Schriftsteller, Lebemänner und Privatiers leisten, oft ganze Monate in Hotelsuiten und -zimmern zu logieren, und die Portiers kannten ihre Gäste noch alle persönlich. An Budapests Donaukorso traf man sich, flanierte man, ließ man sich sehen. Allerdings wurde in der Hauptstadt ein Großteil der renommierten Häuser, meist an der Donau nahe dem Vigadó tér gelegen, im Zweiten Weltkrieg zerstört.

1969 begann der Wiederaufbau zunächst im Stil der Zeit mit gesichtslosen Bettenburgen. In den 1980er-Jahren kam eine Reihe wenig ansprechenderer Nobelhotels dazu. Der bekannteste Zeuge der glanzvollen Budapester Zeit ist bis heute das Hotel Gellért, jener großartige Jugendstilbau am Szent Gellért tér mit dem stilvollen Thermalbad. Kleiner, doch nicht weniger fein ist das ebenfalls im Jugendstil erbaute und mit modernstem Komfort ausgestattete Béke Radisson am Teréz körút. Zum Treffpunkt der oberen Zehntausend wurde zuletzt das Four Seasons Hotel Gresham Palace am Roosevelt tér herausgeputzt.

Auch außerhalb von Budapest kann man in geschmackvollen Häusern unterkommen. Als Beispiele seien das Hotel Aranybika in Debrecen oder das Hotel Royal in Szeged genannt. Fährt man über Land, stößt man immer wieder auf kleinere Perlen der Hotellerie. Prachtvolle, schön restaurierte Häuser mit großer Vergangenheit sind z. B. das Fiume in Békéscsaba, das Pannónia in Miskolc, das Park in Eger, das Pelikán in Szombathely oder das Korona in Nyíregyháza.

Allen diesen Prunkhotels ist eines gemeinsam: Sie haben den Luxus des Wohnens in edlem Ambiente effektvoll um Wellness- und Heilangebote, Spitzengastronomie und exclusive Sportarten erweitert.

Reisewege und Verkehrsmittel

Anreise

Auto

Nach Ungarn kommt man aus Süddeutschland und der Schweiz via Salzburg, aus Norddeutschland und Berlin via Prag/Brünn, aus Mitteldeutschland über Linz/Wien. Von Frankfurt/M. sind es 1000 km bis Budapest. Für Ungarns Autobahnen gilt Vignettenpflicht: M1: Hegyeshalom–Budapest, M15: Hegyeshalom–Rajka (i. Ausbau), M3: Budapest–Füzesabony, M5: Budapest–Kiskunfélegyháza, M7: Budapest–Siófok. Eine Vignette kostet für 4 Tage 1460 Forint, 10 Tage 2300 Forint, 1 Monat 3900 Forint. Die Vignetten sind an der Grenze sowie an Tankstellen erhältlich, nicht beim ADAC.

Bahn

Aus Deutschland, Österreich und der Schweiz verkehren Direktzüge nach Ungarn. Ab Frankfurt/M. dauert die Fahrt ca. 15 Stunden. Außerdem fährt der EuroNight EN269 »Kalman Imre« tgl. von München Hbf (ab 23.44 Uhr) nach Budapest (an 9.08 Uhr). Info und Buchung über Tel. 01805-14 15 14 oder www.nachtzugreise.de.

Auskünfte in Budapest : Inlandzüge Tel. 461-5400, internat. Verbindungen Tel. 461-5500. Für die internationalen Züge benötigt man eine Platzkarte.

Flugzeug

Von allen großen europäischen Flughäfen gibt es Direktflüge nach Budapest. Der Flughafen Ferihegy liegt etwa 20 km südöstlich der Innenstadt. Er besteht aus zwei Terminals. Lufthansa und die ungarische MALÉV fliegen Ferihegy 2A an, alle übrigen Ferihegy 2B. Zwischen den Terminals verkehren Pendelbusse.

Gut ausgebaut: das Eisenbahnnetz

Die sehr gut organisierten Taxifahrer am Flughafen versuchen, von ihren Kunden ein Vielfaches der 5000-6000 Forint, die die Fahrt in die Innenstadt kostet, zu erhalten. Preis vor Fahrtantritt vereinbaren!

Airport-Minibusse fahren für 2100 Forint in die Stadt (Tickets in der Ankunftshalle, www.bud.hu). Zum Flughafen kann man diese Busse unter Tel. 296-8555 anfordern. Auch pendeln halbstündlich Busse (Volánbusz) zum Busbahnhof am Erzsébet tér.

Bus

Die **Deutsche Touring GmbH** verkehrt dreimal die Woche zwischen mehreren deutschen Städten und Budapest. Info: www.deutsche-touring.com, Tel. 0 89/5 45 87 00. **Volánbusz AG** und ihre internationalen Partnerfirmen bedienen 22 Länder mit Linienbussen. Fahrkarten am Busterminal in Budapest, Népliget; Tel. 1/219-8020.

Schiff

Am stilvollsten fährt man nach Budapest auf der Donau von Wien aus. Für Eilige verkehrt von April bis Oktober ein Tragflügelboot (5,5 Stunden).

Tourinform-Reisebüros (s. S. 100) oder **MAHART-Tours,** Belgrád rkp. (Internat. Schiffsstation), Tel. in Budapest: 0036-1/484-4010, Fax 318-7740, www.mahart.hu.

Verkehrsmittel in Ungarn

Auto

Das Straßennetz in Ungarn umfasst ca. 30 000 km. Es gibt vier gebührenpflichtige Autobahnen (s. S. 33), die Benutzung des Stadtrings um Budapest (Mo) ist frei. Die übrigen Landesteile sind von Budapest aus über breite Landstraßen zu erreichen. Auf Autobahnen gilt als Höchstgeschwindigkeit 130 km/h, für Pkws mit Anhänger und Motorräder 80 km/h. Auf Schnellstraßen: 110 km/h, auf Landstraßen 90 km/h, in geschlossenen Ortschaften für alle 50 km/h. Außerhalb von Orten muss man auch bei Tag mit Licht fahren! In Ungarn gilt die 0,0-Promille-Grenze. Strenge Kontrollen!

Bei einem Unfall stets die Polizei rufen! Die Notrufnummer ist 107. Ein deutschsprachiger Dienst steht in Budapest unter Tel. 06-1/118-0800 und Tel. 06-1/111-8668 zur Verfügung.

Internationale Versicherungsfragen regelt die **Hungária Versicherungsgesellschaft,** 1117 Budapest, Galvani út 44, Tel. 1-421-1421 (Mo–Fr 8–20 Uhr). Es helfen auch die Automobilclubs **ADAC** oder **ÖAMTC** in Budapest unter Tel. 06-1/345-1717.

Bahn

Das Bahnnetz ist gut ausgebaut, von Budapest gibt es 26 Intercity- oder Expresslinien in größere Städte. Ungarns Bahn ist durchaus preiswert, eine »Touristenkarte« gibt es für 7 oder 10 Tage (nationale Verbindungen). Fahrplanauskünfte bei den Tourinform-Büros oder an Bahnhöfen.

Dichter Verkehr herrscht stets auf der Freiheitsbrücke in Budapest

Bus

Von Budapest aus verkehren Busse in 108 Orte. Auskünfte am Busterminal am Népliget (nach Westungarn), Tel. 1/219-8080, bzw. Busterminal am Népstadion (Ziele in Ostungarn), Tel. 1/252-1896.

Schiff

Ausflugs- und Linienschiffe verkehren Ende Mai–Okt. auf Donau (MAHART Budapest, Tel. 1/484-4014), Theiß (MAHART Szeged, Tel. 62/425-834) und Balaton (MAHART Balaton, Tel. 84/310-050); www.mahart.hu.

Von Budapest bis ...

- Debrecen: 226 km
- Eger: 128 km
- Szeged: 171 km
- Pecs: 198 km
- Győr: 123 km
- Nyíergyháza: 245 km

Karte Seite 40

***Budapest

Weltstadt im Wandel

Gewiss ist Budapest für eine Stippvisite zu schade, doch schon in ein, zwei Tagen kann man einen Eindruck von der schönen Donaumetropole bekommen. Der Weg durch die Stadt ist als Spaziergang konzipiert, mit gelegentlichen Fahrten mit Metro oder Bus. Durch Budapest mit dem Auto zu fahren, ist nervenaufreibend und unnötig. Zu Fuß sind die Eindrücke direkter und sinnlicher. Der Weg beginnt auf dem Burgberg mit seinem mittelalterlichen Kern, führt dann in die Innenstadt und schließlich in die »Elisabethstadt«, eines der (noch) urwüchsigen Viertel von Budapest. Dabei lernt man nicht nur die Sahnestücke der Stadt kennen, sondern auch einige Schattenseiten – nur so versteht man diese Großstadt zwischen dem beschaulichen Gestern und dem ungewissen Morgen. Der Weg endet im Stadtwäldchen, dem Naherholungsgebiet für gestresste Budapester (und Touristen).

Zur Stadtgeschichte

Das römische Aquincum auf dem Gebiet des heutigen Óbuda war eine reiche Stadt von über 30 000 Einwohnern mit vielen Bädern, pompösen Wohnhäusern und Geschäften. Später lebten hier Hunnen, Awaren und Slawen. Die Magyaren ließen sich um 896 im Gebiet des heutigen Buda nieder. Nach Abzug der 1242 eingefallenen Mongolen ließ König Béla IV. in Buda einen Königspalast bauen; um ihn herum entstand die neue Bürgerstadt. Pest mit den königlichen Privilegien auf der anderen Donauseite entwickelte sich ebenfalls zu einer wichtigen Handelsstadt. 1541 eroberten die Türken Buda und hielten es 145 Jahre lang besetzt; heute erinnern türkische Bäder an diese Zeit. Das deutsch-österreichische Heer befreite die Stadt 1686 unter hohen Verlusten. Viele deutsche Kaufleute und Handwerker ließen sich nieder, man blieb jedoch abhängig von Wien. 1848 nahm die Revolution gegen die Habsburger in Pest ihren Anfang. Der sich daraus entwickelnde Unabhängigkeitskampf wurde blutig niedergeschlagen.

Unter der Doppelmonarchie

Reformerische Geister wie István Graf Széchenyi kurbelten im 19. Jh. die Wirtschaft an. Die Kettenbrücke wurde gebaut, die Akademie der Wissenschaften gegründet, die Donau schiffbar gemacht. Weiter aufwärts ging es nach dem Ausgleich (1867) mit Wien in der Doppelmonarchie. Buda, Pest und Óbuda wurden 1873 zu Budapest vereinigt, viele bedeutende Projekte verwirklicht: der Bau des Parlaments, des Westbahnhofs, des Großen Rings um die Pester Altstadt, der Zentralen Markthalle, der ersten U-Bahn-Linie und der Prachtstraße Andrássy út.

Der Aufschwung endete mit dem Ersten Weltkrieg und dem Verlust von Zweidritteln des Staatsgebiets. Die wirtschaftliche Situation verschlechterte sich, faschistische und antisemitische Bewegungen kamen auf. 1944 marschierten deutsche Truppen ein, nachdem Ungarn den Pakt mit Hitler zu lösen versucht hatte. Die »Elisabethstadt« wurde jüdisches Getto. Der Kampf um Budapest war mit großen Opfern verbunden, die Stadt erlitt schwere Schäden. Nach dem Krieg etablierte sich eine Volksrepublik stalinistischer Prägung. Der Unmut der Bürger gipfelte im Aufstand vom Herbst 1956; sowjetische Panzer walz-

Karte Seite 40

ten ihn nieder. Ab 1970 setzte eine Liberalisierung und ein wirtschaftlicher Aufschwung ein. Trabantenstädte wurden gebaut, alte Viertel saniert.

Die Wende von 1989

Für viele Budapester bedeutete sie zwar politische Freiheit, aber auch einen Schritt in die soziale Unsicherheit. Die Privatisierung der Betriebe kostete Arbeitsplätze, Preise und Mieten stiegen und damit auch die Kriminalitätsrate. Budapest wurde zu einer Großstadt westlicher Prägung. Ausländische Investoren finanzierten die Renovierung vieler Häuser, touristisch interessante Stadtteile erscheinen in neuem Glanz.

Einer der ungarischen »Teufelsgeiger«

2 Das ***Burgviertel

Zum Burgberg gelangt man am besten mit dem Kleinbus von der Metrostation **Moszkva tér** aus. Der belebte Moskauer Platz ist einer der Verkehrsknotenpunkte der Stadt.

Der Várbusz fährt von hier alle paar Minuten zum Szent György tér im Burgviertel hinauf.

Der **Burgpalast ❶

Der Burgpalast, ein mächtiger Gebäudekomplex am südlichen Sporn des Burgberges, gewährt eine herrliche Aussicht auf die Stadt. Er wurde um 1250 erbaut; sein barockes Aussehen erhielt der Palast im 18. Jh. Das **Historische Museum** mit Grabungsfunden vom mittelalterlichen Burgberg, die **Nationalgalerie** mit Werken ungarischer Maler und Bildhauer aller Epochen sowie die **Nationalbibliothek** sind hier untergebracht.

Geht man über den Szent György tér zurück, gelangt man zum Dísz tér, wo der Rundgang durch die mittelalterlichen Häuserzeilen beginnt. In der breiten **Tárnok utca** (Schatzmeistergasse) wohnten im Mittelalter die reichen Kaufleute.

»Budapest-Card«

Sie bietet kostenlose Nutzung öffentlicher Verkehrsmittel und ermäßigten Eintritt in Museen, Rabatte in Geschäften und Restaurants. Erhältlich in Tourismus- und Reisebüros, Hotels und an großen Metrostationen: 2 Tage 4700 HUF, 3 Tage 5900 HUF.

Die **Matthiaskirche ❷

Über den Szentháromság tér kommt man zur Matthiaskirche, dem beliebtesten Gotteshaus der Stadt. Es wurde in den Jahren 1255–1269 im Übergangsstil zwischen Spätromanik und Gotik erbaut, jedoch im Laufe der Zeit immer wieder verändert.

In der Kirche ließ sich König Matthias Corvinus zweimal trauen. 1867 wurde hier Franz Joseph I. mit Elisabeth

Karte Seite 40

Blick auf die Matthiaskirche und die Fischerbastei

Einladendes Straßencafé auf dem belebten Vörösmarty tér im Zentrum

(Sisi) gekrönt, und Franz Liszt führte hier seine »Krönungsmesse« auf.

Haupteingang zur dreischiffigen Kirche ist das Marienportal; sehenswert im Innern sind u. a. die Loretokapelle mit der Schwarzen Madonna und die Schatzkammer.

Die *Fischerbastei ❸

Unterhalb der Kirche verläuft die Fischerbastei, eine 140 m lange und 8 m breite Wallkonstruktion mit Türmchen und Treppchen, von Frigyes Schulek 1899–1905 als architektonische Ergänzung zur Matthiaskirche errichtet. Das neoromantische Phantasiewerk erhielt seinen Namen nach der Fischerzunft, die diesen Abschnitt der Befestigung gegen die Türken zu verteidigen hatte. Geht man wieder hoch, kommt man in die Fortuna utca und zum **Museum für Handel und Gastgewerbe** (Nr. 4) mit alten Ladeneinrichtungen, Werbetafeln und Konditorgeräten. Das **Wiener Tor ❹** im hinteren Teil der Fortuna utca wurde 1936 errichtet, wo das einstige Stadttor von den Türken zerstört worden war.

Wendet man sich nach links, kommt man zu einer langen Promenade, der Tóth Árpád sétány. Von hier hat man einen schönen Blick auf die Hügel von Buda und die Budaer Berge. Die parallel verlaufende Úri utca ist noch gut erhalten. Man sieht schön restaurierte mittelalterliche Häuser, z. B. jenes in der Nr. 32 mit seiner gotischen Fassade.

Ein merkwürdiges Museum ist das **Panoptikum** (Nr. 9): Der Burgberg wird von einem 40 km langen Höhlensystem durchzogen, das den Bürgern der Stadt oft Zuflucht vor Angriffen bot. Einen Teil dieses Höhlenlabyrinths kann man auf dem »Weg in die Unterwelt« besichtigen.

Konditorei Ruszwurm ❺ in der Szentháromság utca 7 auf dem Burgberg: ein alteingesessenes Café mit hübscher Biedermeiereinrichtung.

Die *Standseilbahn Sikló ❻

Hinab an die Donau fährt die ***Sikló**, die Standseilbahn, 1870 gebaut. 1986 restaurierte man die Bahn originalgetreu. Die Strecke (100 m) hat eine Steigung von 48 %. Von der Talstation erreicht man über die 1849 als erste Budapester Brücke errichtete **Kettenbrücke ❼** (*Széchenyi lánchid*) Pest.

Rechts der Donau

Das **Parlament ❽

Das Parlament, das nach dem Vorbild der Londoner Houses of Parliament 1885–1902 im Stil der englischen Neogotik gebaut wurde hat 691 Räume, ist

Karte Seite 40

268 m lang, 118 m breit und 96 m hoch. Die prunkvollen, mit Fresken, Kolossalgemälden und Gobelins geschmückten Säle des monumentalen Baus und die ungarische Krone können nur im Rahmen von Gruppenführungen besucht werden.

Donaukorso (Dunakorzó)

Nun geht es ins neue Budapest entlang der Donau bis zum so genannten **Dunakorzó** (man kann auch mit der Straßenbahn fahren). Der Korso war die Flaniermeile der Stadt, wurde aber im Zweiten Weltkrieg zerstört. Heute treffen sich hier wieder all jene, die sehen und gesehen werden möchten.

Vörösmarty tér

Noch beliebter ist Vörösmarty tér, der zentrale Platz der Innenstadt. Eines der führenden Kaffeehäuser ist das **Café Gerbeaud** ❾. Seit 1858 werden hier allerfeinste Süßwaren hergestellt. Die am Platz beginnende **Váci utca** ❿ ist das exklusivste Shopping-Zentrum Budapests und die beliebteste Bummelmeile der Touristen. Budapester kommen nur noch selten hierher, denn die Preise sind auf der Váci utca kaum niedriger als in Paris oder London.

**Elisabethstadt ⓫

Nordöstlich des Károly körút liegt ein noch relativ ursprünglicher Stadtteil, die Elisabethstadt. Dieses Viertel der kleinen Handwerker und Krämer ist nach wie vor sehr stimmungsvoll. Typisch sind auch die nach 1900 gebauten Mietshäuser mit den offenen Umgängen und bis zu sechs Innenhöfen. Das Viertel war immer von Juden bewohnt; 1944 erklärten es die deutschen Besatzer zum Getto.

Die Kettenbrücke, ein Wahrzeichen Budapests, wurde 1849 eröffnet

Die *Große Synagoge ⓬

In der Dohány utca steht die Große Synagoge, mit 3000 Plätzen eines der größten Gotteshäuser Europas (1854 bis 1859). Von hier sollte man einen Streifzug durch das Viertel machen. Eine grüne Oase ist der Klauzál tér, interessant sind die Mietshäuser in der Klauzál utca und Dob utca.

Der Große Ring

Das Viertel wird durchschnitten vom Großen Ring mit dem **Café New York-Hungária** ⓭, einem Prunkbau mit mehreren Etagen im Fin-de-siècle-Stil. Hier trafen sich um 1900 Schriftsteller, Lebenskünstler und Schauspieler, hier hatten die wichtigsten Zeitungen und Verlage ihren Sitz.

Geht man den Großen Ring nach Nordwesten weiter, kommt man zum **Westbahnhof** ⓮, einem der schönsten Bahnhöfe Europas. Der elegante neobarocke Koloss aus Glas und Stahl wurde 1870–1877 vom Büro Gustave Eiffel erbaut.

Erholung im Stadtwäldchen

Mit der Metro kann man vom **Oktogon tér** ⓯ am Großen Ring zum Heldenplatz (Hősök Tere) hinausfahren und ins **Stadtwäldchen** (Városliget) spazieren. Dort kann man Zoo oder Zirkus besuchen, in den Vergnügungspark **Vidám Park** gehen oder sich im ***Széchenyi-Bad** entspannen. Zurück ins Stadtzentrum fährt man mit der Metro von der Station Hősök tere zum **Deák tér** ⓰.

Infos

i **Tourinform,** Sütö utca 2 (am Deák tér), 1052 Budapest, tgl. 8–20 Uhr, Tel. 1/438-8080 (0 bis 24 Uhr), E-Mail: hungary@tourinform.hu, www.hungarytourism.hu.

Karte Seite 40

Béke Radisson, VI., Teréz körút 43, 1/889-3900, Fax 1/889-3915, www.danubiusgroup.com/beke. Schön renoviertes Jugendstilhotel in der Innenstadt. ○○○

Gellért, XI., Szent Gellért tér 1, Tel. 1/889-5500, Fax 1/889-5505, www.danubiusgroup.com/gellert. Das traditionsreichste Jugendstilhotel der Stadt, erbaut 1918, mit dem berühmten Thermalbad (s. S. 30) ○○○

Hotel Budai, XII., Rácz Aladár utca 45–47, Tel. 1/249-0208, Fax 1/249-2186, www.hotelbudai.hu. Freundliches Hotel am Hang in Buda; geschmackvolle Einrichtung; schöner Blick auf die Stadt. ○○

Hotel Classic, XI., Zólyomi u. 6, Tel. 1/319-7222, Fax 1/319-3450, www.classichotel.hu. Kleines familiäres Hotel in der Nähe des Adlerberges (Sashegy), Tiefgarage. ○○–○○○

1. Burgpalast
2. Matthiaskirche
3. Fischerbastei
4. Wiener Tor
5. Konditorei Ruszwurm
6. Sikló (Standseilbahn)
7. Kettenbrücke
8. Parlament
9. Café Gerbeaud
10. Váci utca
11. Elisabethstadt
12. Große Synagoge
13. Café New York-Hungária
14. Westbahnhof
15. Oktogon tér
16. Deák tér

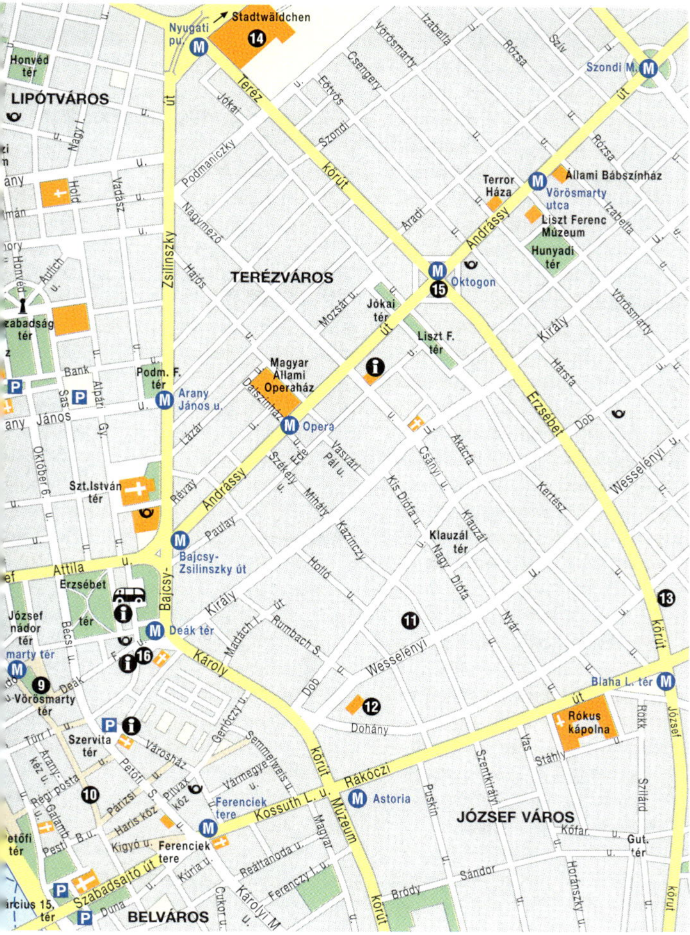

Karte Seite 40

Auch wer nicht im Gellert wohnt, kann im Gellertbad genussvoll baden und saunen

Unikum Panzió, XI., Bod Péter utca 13, Tel. 1/319-3784. Familiäre Pension, schöner Blick, ruhig. ❍

X Panzió, XV., Molnár Viktor utca 45, Tel. 1/419-3648. Ruhige Pension mit 9 Zimmern in einer Gartenstadt, etwa 3 km vom Zentrum entfernt. ❍

Campingplatz: Camping Niche, XII., Zugligeti út 101, Tel. 1/200-8346; 5. 3.–15. 10. Schön in engem Tal in den Budaer Bergen gelegen; 200 Plätze.

Gundel, XIV., Állatkerti út 2 (beim Zoo), Tel. 468-4040; tgl. 12–16, 18.30–24 Uhr. Das erste Haus am Platz, stilvoll renoviert, serviert fantasievoll variierte ungarische Küche. Im Restaurant sollte man gut gekleidet erscheinen, im Garten dagegen geht es ungezwungener zu. ❍❍❍

Sipos Halászkert, III., Lajos u. 46, Tel. 368-6480; tgl. 12–24 Uhr. Gutes Fischrestaurant in Óbuda mit schönem Innenhof. ❍❍

Mágnáskert, II., Csatárka út 58, Tel. 1/325-9967; tgl. 12–24 Uhr. Auf dem Rosenhügel gelegenes modernes Haus mit großem Garten. ❍❍❍

Kispipa, VII., Akácfa utca 38, Tel. 1/342-2587; tgl. 12–24 Uhr. Traditionslokal in der Innenstadt mit bodenständiger Küche. ❍❍

Verkehrsmittel in Budapest

Lassen Sie den Wagen auf einem bewachten Parkplatz stehen. Das öffentliche Verkehrsnetz ist gut ausgebaut. Tages-, Wochen oder Monatskarten sind an den Schaltern der Verkehrsbetriebe (BKV) in Metrostationen erhältlich (vgl. »Budapest-Card«, S. 36). Achtung: Beim Umsteigen jedesmal einen neuen Fahrschein entwerten!

Drei Metro-Linien durchkreuzen von 4.30 bis 23 Uhr die Innenstadt. 40 Straßenbahnlinien fahren im 5- bis 8-Minuten-Takt, die wichtigsten rund um die Uhr. Autobusse ergänzen das Netz mit über 200 Linien. In die Außenbezirke und nach Szentendre gelangt man mit der Vorortbahn (HÉV). Fahrpläne und Tarife: www.bkv.hu.

Steigen Sie nur in Taxis der Budapester Firmen, erkennbar am gelbem Taxischild auf dem Autodach und gelbem Nummernschild und Firmenbeschriftung (S. 101)! Nur diese garantieren feste Tarife! Bestellen Sie das Taxi per Telefon, ist es deutlich preiswerter: Grundpreis 300 HUF, je km 219 bzw. 174 HUF (telefonisch). Ein Flughafentransfer kostet so nach Buda 4000 HUF, nach Pest 3500 HUF.

Karte Seite 45

**Debrecen

Kleine Stadt mit großem Namen

Die mit 220 000 Einwohnern zweitgrößte Stadt Ungarns bietet auf den ersten Blick eher ein kleinstädtisches, gar dörfliches Bild. Debrecen (Debrezin) hat in Ungarn ein fast provinzielles Image. Doch je näher man der Innenstadt kommt, um so deutlicher erkennt man, dass es eine große Vergangenheit hat. Spätestens am Kálvin tér, Mittelpunkt der Stadt, mutet das Leben und Treiben schon recht großstädtisch an.

Geschichte

Debrecen entstand im Mittelalter als Marktflecken und Handelsplatz. Im Jahre 1361 wurde ihm das Stadtrecht verliehen; bald siedelten sich viele Handwerker an. 1540 entschieden sich die Bürger gegen den Katholizismus und bekannten sich zur Lehre des Reformators Calvins. Debrecen entwickelte sich zum ungarischen Zentrum des Kalvinismus; man nennt es heute noch das »kalvinistische Rom«.

Widerstand gegen Fremdherrschaft

Die religiöse Autonomie bewahrte es auch vor der Zerstörung durch die Türken, als diese im Jahre 1555 in die Stadt kamen. Auch die siebenbürgischen Fürsten achteten die Sonderstellung der wohlhabenden Stadt; selbst den Habsburgern gelang es nicht, Debrecen gefügig zu machen. Sie befreiten es zwar von den Türken, zogen aber wegen der beabsichtigten Durchführung der Gegenreformation den Zorn der Bürger auf sich.

Debrecen wurde Symbol des religiösen und nationalen Widerstands. Revolutionsführer Lajos Kossuth bestimmte 1849 die Stadt zum Hauptsitz der Bewegung und proklamierte in der Großen Kirche die Absetzung der Habsburger und die Unabhängigkeit Ungarns. Knapp hundert Jahre später tagte eine ungarische Regierung an gleicher Stelle: Nachdem die Sowjets den Osten Ungarns besetzt hatten, schloss im Dezember 1944 eine provisorische Koalitionsregierung einen Waffenstillstand mit der Sowjetunion und erklärte Deutschland den Krieg.

Sehenswürdigkeiten

Die Stadt erlitt im Zweiten Weltkrieg schwere Schäden, nur der Kern der Innenstadt blieb teilweise erhalten. So wurden die hässlichen Neubauviertel an der Peripherie erstellt – sie lassen den ländlichen Charme von Debrecen kaum noch erahnen. Anders wird es jedoch, sobald man die nahezu komplett erhaltene Innenstadt betritt.

Man parkt am Kálvin tér, dem zentralen Platz der Stadt. Blickt man die breite Piac utca hinab, erkennt man den nüchternen Stil des von der Aufklärung geprägten Klassizismus als Ausdruck der Geisteshaltung der städtischen Bürger.

*Reformierte Große Kirche ❶

Beherrscht wird der Platz an seiner Stirnseite von der Reformierten Großen Kirche, dem mächtigsten kalvinistischen Sakralbau Ungarns. An dieser Stelle standen einst die Andreaskirche aus dem 13. Jh., die im 16. Jh. abbrannte, sowie eine gotische Basilika, die 1802 einem großen Stadtbrand zum Opfer fiel. Die klassizistische Reformierte Kirche wurde um 1810 er-

Karte Seite 45

Die doppeltürmige Reformierte Kirche. Im Innern ist der kalvinistische Sakralbau eher schmucklos

Das Déri-Museum in Debrecen zeigt ungarische Volkskunst

baut. Betritt man den großen, nüchternen Innenraum des behäbigen Bauwerks, fühlt man gerade wegen der überwältigenden Wucht des Gebäudes sofort den Unterschied der Religionen. Hier soll geglaubt werden und gebetet – sonst nichts. Keine Nischen zum Verstecken, keine Spur bunter Farben und Heiligenfiguren, mit denen katholische Gotteshäuser geschmückt sind.

Reformiertes Kollegium ❷

Die Lehre Calvins wurde seit 1568 im Reformierten Kollegium gleich hinter der Kirche unterrichtet. Das heutige Gebäude des Kollegiums, das geistige Zentrum aller kalvinistischen Schulen Ungarns, entstand 1675. Es wurde bei der großen Feuersbrunst 1802 zerstört und im klassizistischen Stil wieder errichtet. Die Hochschule besitzt eine **Bibliothek** mit über 526 000 Bänden, eine wertvolle Bibelsammlung und 146 Originale von Büchern aus dem 15. Jh. Im Erdgeschoss ist ein **Museum** mit alten Lehrmitteln, Schülertrachten, Gesetzesbüchern und Erinnerungsstücken aus der Revolutionszeit von 1848.

Wenige Schritte sind es von hier zum **Déri-Museum ❸**, das nach dem Wiener Industriellen ungarischer Herkunft Frigyes Déri benannt wurde. Dessen Kunstsammlung bildete 1930 den Grundstock des Museums. Für die Bronzeplastik vor dem Museum erhielt der Debrecener Bildhauer Ferenc Medgyessy 1937 den Grand Prix der Pariser Weltausstellung. Das Museum zeigt Objekte u. a. aus Ägypten, Rom und Griechenland sowie eine große Sammlung ungarischer Volkskunst.

Das **Grand Hotel Aranybika** (»Goldener Stier«) ❹ am Kálvin tér ist ein herrlich renovierter Jugendstilbau von 1915. Hier nächtigt man in einem jener prunkvollen ungarischen Hotels (s. S. 46), die den Glanz der guten alten Zeit ausstrahlen.

Rund um das Rathaus

Das **Rathaus ❺** an der Ecke Piac utca/ Kossuth utca wurde in den Jahren 1842/43 ebenfalls im klassizistischen Stil erbaut. 1849 wohnte hier Revolutionsführer Lajos Kossuth, und auch die Heilige Ungarische Krone wurde an diesem Ort in einem Versteck aufbewahrt. In alter kalvinistischer Tradition

Karte Seite 45

ist das Haus schmucklos gebaut, einzig das Stadtwappen prangt als Ornament im Bogenfeld über dem Portal des Gebäudes.

Ein paar Schritte weiter, in der Kossuth utca 10, steht das ***Csokonai-Theater ❻**, eines der wenigen historischen Gebäude der Stadt, die nicht im klassizistischen Stil errichtet wurden. Mit dem Bau sollte zuerst Miklós Ybl beauftragt werden, der in Budapest für die St.-Stephans-Basilika, den Ausbau des Burgpalasts, die Staatsoper u. a. Repräsentationsobjekte verantwortlich zeichnete. Der Entwurf des berühmten Architekten überstieg jedoch die finanziellen Möglichkeiten der kalvinistisch-puritanischen Stadtväter. Also beauftragten sie Ybls weniger bekannten Kollegen Antal Szkalniczky, der ein Haus im Stil der historischen Romantik baute. Eröffnung war im Jahre 1865. Es bot 2000 Besuchern Platz, um 1900 baute man Logen ein und reduzierte die Kapazität auf 600 Sitze.

Die **Reformierte kleine Kirche ❼**, ein Barockbau von 1726 in der Piac utca an der Ecke zur Széchenyi utca, wurde um 1870 im romantischen Stil umgebaut. Ursprünglich krönte die Kirche eine Zwiebelkuppel, die aber 1907 von einem Sturm zerstört wurde. Man ersetzte sie durch einen Zinnenkranz, der der Kirche einen basteiartigen Charakter verlieh und ihr den Spitznamen »stumpfe Kirche« einbrachte. 1860 fand hier eine Bürgerversammlung statt, da der katholische Habsburger Kaiser Franz Joseph I. den Protestanten große Beschränkungen bei der Praktizierung ihres Glaubens auferlegte. Damals erschien ein Abgesandter aus Wien und verkündete: »Im Namen des Königs verbiete ich die Versammlung.« Der Bischof der Stadt entgegnete daraufhin: »Im Namen Gottes eröffne ich sie.«

*Altes Komitatshaus ❽

Das Alte Komitatshaus auf der Piac utca in Richtung Bahnhof ist ein eindrucksvoller Bau im Sezessionsstil aus den Jahren 1911/12. Früher stand hier das renommierte Hotel Fejérló, in dem schon im 18. Jh. berühmte Persönlichkeiten abstiegen. Gebaut wurde es als Sitz des Komitats Hajdú-Bihar, dessen Hauptstadt Debrecen noch heute ist.

Unbedingt sollte man einen Ausflug hinaus vor die Stadt zum **Nagyerdő**, zum »Großen Wald«,

❶ Reformierte Große Kirche
❷ Reformiertes Kollegium
❸ Déri-Museum
❹ Grand Hotel Aranybika
❺ Rathaus
❻ Csokonai-Theater
❼ Reformierte Kleine Kirche
❽ Altes Komitatshaus

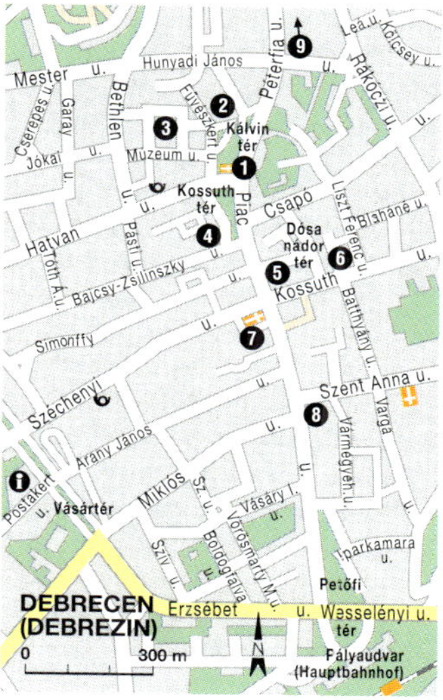

Karte Seite 45

unternehmen. In diesen 2300 Hektar großen Park fahren die Debrecener am Wochenende, baden im Thermalbad, besuchen den Zoo und den kleinen Vergnügungspark oder sie gehen spazieren.

Hier ist auch die **Lajos-Kossuth-Universität** angesiedelt; sehenswert ist das im Stil des Neobarock gestaltete Hauptgebäude.

Infos

Tourinform, Piac utca 20, 4024 Debrecen, Tel. 52/412-250, Fax 52/535-323, www.debrecen.hu

Gran Hotel Aranybika, Piac utca 11–15, Tel. 52/508-600, Fax 52/421-834, www.civishotels.hu. Modernisiertes Jugendstilhotel mit modernem Anbau, in der Innenstadt (s. a. S. 44) gelegen; 205 Zimmer, Sauna und Solarium. ❍❍❍

Főnix, Barna utca 17, Tel. 52/532-174, Fax 52/413-054. Modernes Mittelklassehotel in der City mit 52 Zimmern. ❍

Centrum Panzió, Péterfia utca 37 a, Tel./Fax 52/442-843. Die kleine, gemütliche Pension liegt nur wenige Minuten vom Kálvin tér entfernt. ❍

Restaurant Aranybika, Piac utca 11–15, Tel. 52/508-600; tgl. 10–1 Uhr. Das Restaurant des Hotels »Goldener Stier« serviert exzellente ungarische Küche. ❍❍

Régi Vigadó Étterem, Nagyerdei park 10, Tel. 52/415-126; tgl. 10–22 Uhr. Traditionsreiches Lokal im Großen Wald (Nagyerdő) mit ausgezeichneter Küche. ❍❍

Mátyás Pince, Péterfia utca 61, Tel. 52/442-957; 12–24 Uhr. Einfaches Restaurant, solide Küche. ❍

3 **Eger

Barocke Pracht am Bükk-Gebirge

Die 65 000-Einwohner-Stadt Eger (Erlau) ist, sieht man von den Hochhäusern im Norden ab, ein idyllischer Ort, wie man ihn in ganz Ungarn kaum mehr findet. Die Stadt schmiegt sich in einer Höhe von 180 m an die südwestlichen Ausläufer des Bükk-Gebirges, umgeben von Hängen, an denen die Reben für den bekannten Rotwein Egri Bikavér (Erlauer Stierblut) gedeihen. Die Innenstadt ist ein geschlossenes barockes Ensemble, fachkundig restauriert, fast schon zu perfekt. Dennoch strahlt die Stadt ihre eigene Atmosphäre aus – Eger ist ein Vorzeigestädtchen geworden.

Geschichte

Im 11. Jh. gründete König Stephan I. am Rande des Bükk-Gebirges ein Bistum, aus dem der Ort Eger hervorging. 1241 zerstörten ihn die Mongolen (Tataren genannt) nahezu vollständig. Im Renaissancestil entstanden später auf dem Burghügel die Bischofsstadt und im Tal des Eger-Baches die Bürgerstadt. 1552 widerstand Eger dem ersten großen Angriff der Türken, 1596 aber fiel die Burg in Feindeshand, Eger blieb 91 Jahre lang besetzt. Die Türken errichteten Moscheen, Bäder und das Minarett, das heute noch steht. Nach ihrem Abzug wurde Eger wieder Bischofsstadt, entstanden die Bauten im Stil des »Erlauer Barock«, die Egers heutiges Bild prägen.

Vom heldenhaften Kampf des Burghauptmanns István Dobó und seiner kleinen Burgbesatzung

Karte Seite 47

gegen das Türkenheer im Jahr 1552 erzählt der unbedingt lesenswerte Jugendroman **Die Sterne von Eger** von Géza Gárdonyi (1883–1922).

Sehenswürdigkeiten

Einen schönen Blick auf die Stadt hat man von der ***Burg ❶**. Nachdem Kaiser Leopold I. im Kuruzenkrieg 1702 Teile der Burg hatte sprengen lassen und auch im 18. und 19. Jh. Befestigungsmauern abgetragen wurden, ist die Burg nur noch als Ruine erhalten. Am besten betritt man sie durch das Varkoch-Tor. Der eindrucksvollste Teil ist der spätgotische **Bischofspalast.** 1470 errichtet, war er später Wohnsitz des Burgherrn, im 18. Jh. auch Getreidespeicher. Heute ist hier das **Dobó-István-Museum** untergebracht, das die Burggeschichte dokumentiert. Rechts vom Palast erkennt man die Reste des Doms, der 1542 abbrannte.

In die Stadt hinunter geht man durch die Kossuth Lajos utca, vorbei am barocken, 1748 bis 1756 erbauten **Komitatshaus ❷**. Erwähnenswert sind die schmiedeeisernen Fenstergitter des eingewanderten fränkischen Kunstschmieds Heinrich Fazola.

Der ***Dom St. Johannes ❸** wurde in seiner klassizistischen Form 1831 bis 1838 nach Plänen von József Hild errichtet. Davor stand hier die **St. Michaels-Kirche,** die nach dem Abzug der Türken wiederhergestellt worden war. Der Dom wirkt etwas deplatziert

❶ Burg
❷ Komitatshaus
❸ Dom St. Johannes
❹ Erzbischöfliches Lyzeum
❺ Erzbischöfliches Palais
❻ Zisterzienserkirche
❼ St. Antonius (ehem. Minoritenkirche)
❽ Minarett

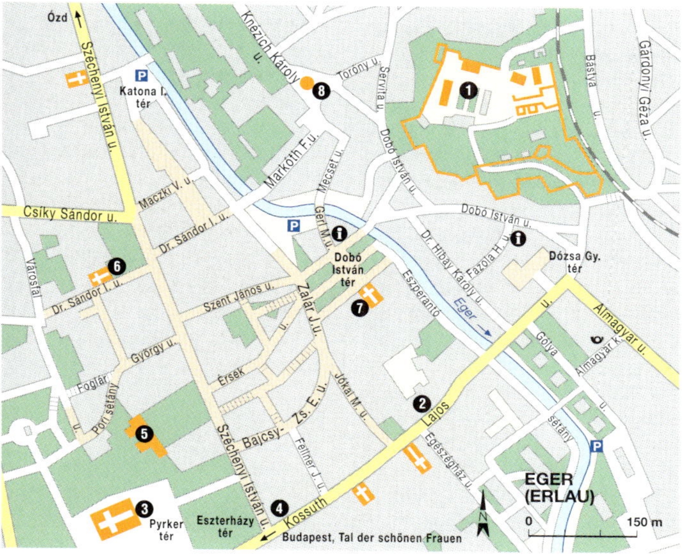

Karte Seite 47

Am Dobó István tér von Eger mit einem der perfekt restaurierten barocken Bauten

in seinem barocken Umfeld. Geldmangel hatte die Bauarbeiten verzögert und als die Finanzierung stand, war die Barockzeit längst vorbei.

Gegenüber dem Dom steht das ehemalige **Erzbischöfliche Lyzeum ❹**, heute die Pädagogische Hochschule. Das Gebäude war von Bischof Károly Esterházy als Universität geplant. Da sich die Bauarbeiten über fast 30 Jahre hinzogen, konnte der Kirchenfürst sein Projekt gesellschaftlich und politisch nicht durchsetzen. Also blieb es bei einem Lyzeum. 1763 bis 1795 erbaut, gilt es als eines der bedeutendsten Werke des Zopfstils.

Sehenswert sind die Fresken in der ****Bibliothek,** in der 130 000 Bücher in kunstvoll gearbeiteten Eichenschränken aufbewahrt werden, und im Festsaal. Das monumentale Deckengemälde zeigt das Trienter Konzil, das 1545–1563 die Grundlagen zur Gegenreformation festlegte. Auch die Sternwarte ist hier zu besichtigen.

Das **Erzbischöfliche Palais ❺** in der Széchenyi utca bekam 1764–1766 durch Jakob Fellner sein endgültiges Gesicht im Stil des Spätbarock.

Die **Széchenyi utca** ist Egers schönste Straße zum Bummeln und Shoppen – mit netten Restaurants, Bierlokalen und Konditoreien.

An der **Zisterzienserkirche ❻** ist vor allem die prunkvolle Innenausstattung Sehenswert. Die barocke Kirche wurde 1731 bis 1743 anstelle einer Moschee errichtet, deren Steine mitverwendet wurden.

Der gemütlichste Teil der Innenstadt zieht sich rund um den Dobó István tér. Das **Palozen-Volkskundemuseum** (Haus Nr. 6) zeigt wunderschöne Festtagstrachten. Die Pfarrkirche ***St. Antonius ❼**, die frühere Minoritenkirche, an der Südostseite, ist einer der wichtigsten Barockbauten des Landes. Hier standen einst Kloster und Kirche der Minoriten (von den Türken zerstört, 1758–1773 im barocken Stil wieder aufgebaut). Der Innenraum der Kirche ist viergeteilt und mit schönen Fresken des Pressburger Malers Martin Raindl geschmückt.

Ein kurzer Spaziergang führt zu einem Relikt aus der Türkenzeit, dem berühmten, 35 m hohen **Minarett ❽** mit einem 14-eckigen Grundriss und einer Haube aus Stein. Es war einst Teil der Kethuda-Moschee, die nach dem Abzug der Türken als Kirche genutzt und im 19. Jh. abgetragen wurde. 1897 hat man das am weitesten nördlich gelegene osmanische Bauwerk umfassend restauriert.

Das von 1610–1617 stammende **türkische Bad** in der Fürdő utca 26 wird heute zu Heilzwecken genutzt.

Infos

Tourinform, Bajcsy Zs. u. 9, 3300 Eger, Tel.36/517-715, Fax 36/518-815, E-Mail: eger@tourinform.hu, www.eger.hu.

Hotel Eger & Park, Szálloda u. 1–3, Tel. 36/522-222, Fax 36/413-114, www.hotelhungary.com. Herrlich restauriertes Hotel (32 Zi.) in einem Schloss von 1870. Das Hauptgebäude ist ein moderner Bau ohne Flair, aber mit allem Komfort. ○○

Panoráma Panzió, Joó János u. 9, Tel. 36/420-531, www.panoramapanzio.hu. Zimmer, Garten und Parkplatz; rollstuhlgerecht. 10 Minuten vom Zentrum. ○○

Im **Szépasszony völgy** (»Tal der schönen Frauen«) können Sie in zahlreichen Privatkellereien den berühmten Wein »Erlauer Stierblut« probieren (mit Taxi kommen). Das große **Weinfest** wird im Juli veranstaltet.

Talizmán-Tulipánkert vendeglő, Szépasszony völgy út 47, Tel. 36/412-53; tgl. 12–22 Uhr. Am Eingang zum »Tal der schönen Frauen«, mit Garten. Beste Weinkarte. ○○

Szanthofer Restaurant, Bródy Sándor u. 3, Tel. 36/517-298; tgl. 11–22 Uhr. Alteingesessenes Lokal, gepflegte Küche. ○○

4 **Szeged

Karte Seite 53

Stolze Schöne mit Flair

Szeged (Szegedin) ist neben Budapest die ungarische Stadt mit dem stärksten urbanen Charakter. Mit ca. 190 000 Einwohnern rangiert sie zwar hinter Debrecen und der Industriestadt Miskolc, doch ihre Atmosphäre ist unvergleichlich. Mutet Debrecen eher ländlich oder provinziell an, wird Szeged von breiten Straßenfluchten und großstädtisch-monumentalen Bauwerken beherrscht. Es ist Hauptstadt des Komitats Csongrád sowie das wirtschaftliche und kulturelle Zentrum Südostungarns. Lebensadern der Stadt sind die beiden Flüsse Tisza (Theiß) und Maros, die hier zusammenfließen.

Geschichte

Unter den Römern war die Siedlung an der Mündung der Maros in die Tisza ein Umschlagplatz für Salz- und Goldtransporte. Szeged entwickelte sich zum Handelszentrum. Nach dem Mongoleneinfall 1241 ließ König Béla IV. eine Wehrburg bauen und verlieh Szeged die Stadtrechte. Im 16. Jh. hatte die Stadt 7000 Einwohner und war so groß wie die Hauptstadt Buda. Auch die Türken erkannten ihre Bedeutung und gaben Szeged nach der Eroberung 1543 den Status einer »Khas«, einer Stadt unter dem besonderen Schutz des Sultans.

Nach der verlustreichen Befreiung von den Türken erreichte Szeged schnell wieder seinen früheren Wohlstand. Um 1710 jedoch wurde die Stadt zu einem der Vorposten der Rákóczi-Erhebung und von habsburgischen Truppen zerstört.

Karte Seite 53

Der Rathausturm – ein Frühwerk Ödön Lechners

Das Hochwasser von 1879
Im 19. Jh. gehörte Szeged zu den reichsten Städten Ungarns. 1879 zerstörte ein Jahrhunderthochwasser der Theiß über 5000 Häuser und machte 90 % der 70 000 Einwohner obdachlos. Der Wiederaufbau nach dem zeitgemäß geplanten Muster einer zukünftigen Großstadt gelang nur durch internationale Hilfe. Noch heute tragen deswegen Abschnitte des Rings um die Innenstadt die Namen europäischer Hauptstädte. An Bedeutung gewann Szeged als Universitätsstadt und Verwaltungszentrum.

Weltberühmte Produkte der Stadt und ihrer Umgebung sind etwa die unnachahmliche Pick-Salami und der milde und scharfe Gewürzpaprika, der auch reichlich in der Szegediner Fischsuppe Verwendung findet. Über die Paprika zum Nobelpreis gelangte der Wissenschaftler Albert Szent-Györgyi (1893–1986), jahrelang Professor an der Medizinischen Hochschule Szeged. 1937 erhielt er den Nobelpreis für Medizin für seine Forschungen zur Ascorbinsäure (Vitamin C), das er aus der Paprika isoliert und erstmals in kristalliner Reinform gewonnen hatte.

Sehenswürdigkeiten

Sich in Szeged zurechtzufinden, ist nicht schwierig. Die Innenstadt liegt an einer Biegung der Tisza und wird von drei Ringstraßen umschlossen. Die klare geometrische Gliederung des Stadtkerns erleichtert die Orientierung.Die Sehenswürdigkeiten sind alle innerhalb des innersten Rings angesiedelt und zu Fuß zu erreichen.

Széchenyi tér
Fast im Mittelpunkt der Stadt liegt der zentrale Platz Széchenyi tér an der Stelle des einstigen Marktplatzes. Heute werfen hier ausladende Platanen ihren Schatten über schöne Grünanlagen.

Das **Rathaus** ❶ ist ein Frühwerk des Architekten Ödön Lechner, der später als der Papst des ungarischen Jugendstils galt. Zwar prägt den Bau noch der Stil des Neobarock, die verspielte Fassade jedoch und das mehrfarbige Dach lassen bereits Lechners Lust am Experimentieren erkennen. Vor allem an seinen Jugendstilwerken in Budapest ließ er ihr freien Lauf. Lechner baute das Haus 1883 mit seinem Mitarbeiter Gyula Pártos.

Das Haus Nr. 11 neben dem Rathaus ist ein eklektizistisches **Zinshaus** von 1870. Hier war einst das Steueramt untergebracht. Beide Häuser verbindet die 1883 errichtete **Seufzerbrücke,** so genannt, weil die Bürger früher seufzend vom Rathaus hinüber ins Steueramt gehen mussten.

Das **Hotel Tisza** aus dem Jahre 1866 gegenüber dem Rathaus war einmal das erste Haus am Platz. Der Wasserstandsanzeiger auf dem Széchenyi tér

Karte Seite 53

Schöne Jugendstilhäuser schmücken das Stadtbild

Szeged hat urbanes Flair, aber auch beschauliche Ecken

vor dem Hotel Tisza am Fuße einer Skulptur von 1905 zeigte am 2. Juli 1970 als Höchstmarke 9,61 m. Das waren 1,54 m mehr als bei dem katastrophalen Hochwasser von 1879. Es ging glimpflich ab, da beim Neubau der Stadt die gefährdeten Bereiche höher gelegt und zudem mehrere Dämme gebaut worden waren.

Rund um den *Klauzál tér ❷

Zentrum des öffentlichen Lebens ist der Klauzál tér, ein kleiner Platz mit Straßencafés. In lauen Sommernächten wird bis spät in den Abend Musik gemacht, auch sehr guter Jazz.

Die Backwaren des **Café Virág** am Klauzál tér gelten als die schmackhaftesten der Stadt.

Auf dem Balkon des Hauses Nr. 5 hatte Lajos Kossuth vor dem Zusammenbruch des Freiheitskampfes am 12. Juli 1849 seinen letzten Auftritt.

**Palais Reök ❸

Von hier sind es nur wenige Schritte durch die Fußgängerzone Kárász utca zum **Palais Reök** in der Tisza Lajos utca 56, einem Haus, für das die Bezeichnung »Jugendstil« untertrieben erscheint. Erbaut wurde es von dem Szegeder Architekten Ede Magyar. Der weit gereiste Mann hatte sich eingehend mit dem französischen Jugendstil beschäftigt. So entwarf er für den Ingenieur Iván Reök im Jahr 1907 ein Haus im ungarischen Sezessionsstil, das stark an die Arbeiten von Antoni Gaudí erinnert: ein Haus wie ein riesiger Kuchen aus buntem Zuckerguss, innen so sehenswert wie von außen.

**Neue Synagoge ❹

Zehn Gehminuten stadtauswärts zur Neuen Synagoge, dem eindrucksvollsten Zeugnis des Szegeder Jugendstils, lohnen sich. Von außen wirkt Ungarns zweitgrößte Synagoge wie ein Märchenschloss. Ähnlich wie Ödön Lechner in Budapest verwendete der Architekt Lipót Baumhorn Elemente der verschiedensten Stilrichtungen, vor allem aus dem maurischen Kulturkreis; daneben machte er Anleihen bei Romanik, Gotik und Barock.

Kunstvoller noch als die äußere Erscheinung ist die Innengestaltung. Eine gewaltige, ornamentenreiche Glaskuppel stellt das Himmelsgewölbe dar, das prunkvolle Interieur wurde aus Jerusalemer Marmor und Holz vom Nilufer gefertigt. Der Raum fasst 1340 Gläubige; sehenswert ist auch der Garten.

Karte Seite 53

Auf dem Rückweg in die Innenstadt sollte man sich noch das **Jüdische Gemeindehaus** in der Gutenberg utca 20 ansehen. Es wurde 1903 zur selben Zeit und von demselben Architekten im gleichen Stil gebaut.

Das Fekete Ház ❺

Das »Schwarze Haus« in der Somogyi utca 13 entstand 1857 im Stil der englischen Romantik. Seinen Namen erhielt es wegen des verfärbten Putzes.

**Dom tér

Wenige Minuten entfernt davon liegt der Dom tér, ein nahezu quadratischer Platz, der von einem einzigartigen expressionistischen Gebäudeensemble umgeben ist. Beherrschend ist hier die Votivkirche. Den Wettbewerb um die Gestaltung des Platzes gewann 1928 der Architekt Béla Rerrich. Er schuf einen hufeisenförmigen Gebäudekomplex für die Theologische Hochschule, das Bischofspalais und einige medizinische und naturwissenschaftliche Institute der Universität. Die Fassaden ließ er mit glasierten Klinkern verkleiden und ordnete die Steine so an, dass erstaunliche Farbschattierungen erzielt wurden. Die Erdgeschosse öffnete er zum Platz hin durch Arkaden mit unterschiedlich geformten Säulen. Im **Nationalen Pantheon** sind Skulpturen und Reliefs berühmter ungarischer Persönlichkeiten zu sehen.

Freilichtspiele

Auf dem Dom tér finden seit 1931 alljährlich mit Theater-, Opern- und Ballettaufführungen die Szegeder Freilichtspiele statt. Interessant sind Inszenierungen moderner Stücke wie etwa Rockopern, deren oft abstrakte Bühnenbilder in einem starken Kontrast zum Gebäudeensemble des Platzes stehen.

Im Innern der neoromanischen Votivkirche

**Votivkirche ❻

An der offenen Seite des Hufeisens steht der Dom, die Votivkirche. Ihrem Bau lag ein Gelübde der Bürgerschaft während des Hochwassers zugrunde. 1880 beschloss man, die beschädigte Demetriuskirche abzureißen und einen Dom zu errichten. Beauftragt wurde mit dem Projekt Frigyes Schulek, der die Budapester Matthiaskirche umgebaut und die Fischerbastei geschaffen hatte. Seine Pläne waren nicht finanzierbar und wurden von Ernő Foerk umgearbeitet.

1913 begonnen, wurde die neoromanische Kirche 1930 schließlich geweiht. Sie ist mit 91 m Höhe und einer Kapazität von 5000 Plätzen die viertgrößte Ungarns, die Orgel mit über 10 000 Pfeifen eine der größten Europas. Beim Abriss der Demetriuskirche hatte man unter dem Bau aus dem 18. Jh. einen Turm entdeckt, der teilweise aus dem 12. Jh. stammte.

Karte Seite 53

Der **Demetriusturm** ❼ vor der Votivkirche wurde restauriert und zu einer Taufkapelle umgebaut. Als einziges mittelalterliches Bauwerk Szegeds überstand er das Hochwasser.

In der serbischen Kirche **St. Nikolaus** in der nahen Révai utca begeistert die bemerkenswerte, aus 80 Ikonen bestehende Rokoko-Ikonostase nicht nur Kunstliebhaber.

Ein Besuch im **Nationalen Historischen Gedenkpark** (Emlékpark) von Ópusztaszer, 28 km vor der Stadt, ist sehr zu empfehlen. Hier sollen die Magyaren 896 ihre erste Nationalversammlung abgehalten haben. Eines der weltgrößten Panorama-Rundbilder von Árpád Feszty zeigt den »Einzug der Magyaren«. Ende Juni finden die **Hunnialis-Spiele** mit Reitervorführungen, Jahrmarkt und kulinarischen Leckerbissen statt.

❶ Rathaus
❷ Klauzál tér
❸ Palais Reök
❹ Neue Synagoge
❺ Fekete Ház
❻ Votivkirche
❼ Demetriusturm

Infos

Tourinform, Dugonics tér 2, 6720 Szeged, Tel./Fax 62/488-690, E-Mail: szeged@tourinform.hu,
- Infos zur Gastronomie des Komitats: www.autoinfo.hu/ettermek

Hotel Royal, Kölcsey utca 1–3, Tel. 62/475-278, Fax 62/420-223, www.royalhotel.hu. Altehrwürdiges Haus mit großer Vergangenheit; zentral gelegen, 110 Zimmer. ❍❍
- **Anna Panzió,** Anna u. 6, Tel./Fax 62/437-123. Ruhe und Entspannung in stiller, freundlicher Umgebung. 27 Zimmer, bewachter Parkplatz. ❍
- **Marika Panzió,** Nyíl utca 45, Tel./Fax 62/443-862, E-Mail: marika@tiszanet.hu. Familiäre Pension, ruhige Lage, 10 Automin. vom Zentrum. ❍
- **Família Panzió,** Szentháromság utca 71, Tel./Fax 62/441 122, www.familiapanzio.hu. Einfache, saubere Pension mit 28 Zimmern, verteilt auf zwei Häuser. ❍

Restaurant im Hotel Royal, Kölcsey utca 1–3, Tel. 475-275; tgl. 10–24 Uhr. Das beste Restaurant der Stadt mit gehobener ungarischer Küche und erstklassigem Service. ❍❍
- **Magyar-Osztrák Étterem,** Sóhordó utca 18, Tel. 62/426-436; tgl. 10–24 Uhr. Opulente, schmackhafte Abendmahlzeiten mit ungarisch-österreichischem Charakter. ❍❍
- **Roosevelt téri Halászcsárda,** Roosevelt tér 12–14, Tel. 62/555-980; tgl. 11–23 Uhr. Beliebtes Fischrestaurant in der Innenstadt nahe der Theiß. Mit Garten. ❍❍

1
Karte
Seite
60

Tour 1

Barock & Moderne

****Sopron → *Fertőd → **Győr → *Benediktinerabtei Pannonhalma → *Tata → Budapest**

Wer aus Richtung Wien nach Ungarn einreist und die ersten 200 km bis Budapest einfach durchrauscht, hat schon eine Menge versäumt. Auf der (zwar landschaftlich nicht sonderlich reizvollen) Strecke liegen nämlich mit Sopron, Győr und Tata drei bemerkenswerte Städte, von denen jede für sich einen mehrtägigen Aufenthalt lohnen würde; dazwischen liegen interessante Klöster, Schlösser, Kirchen und vieles mehr. Auf alle Fälle sollte man mindestens einen Tag für die Fahrt einplanen, besser noch eine oder mehrere Übernachtungen.

Wer es nicht eilig hat, sollte die hektische Autobahn meiden und ab Győr auf der Landstraße Nr. 10 gemächlich fahren. Sie verläuft zumeist parallel zur Autobahn, ab Komárom folgt sie der Donau in Richtung Budapest. Wer mag, kann dann ab Dorog nach Norden abbiegen und von Esztergom an gleich die Tour 2 am Donauknie nach Budapest anhängen. Diese Strecke verspricht große landschaftliche Reize.

5 **Sopron ❶

(60 000 Einw.) Die erste Stadt nach dem Grenzübergang Klingenbach ist gleich eine der interessantesten Ungarns. Da es von den Mongolen und Türken nie zerstört wurde und die Bombenschäden von 1944/45 weitgehend behoben werden konnten, hat Sopron heute eine nahezu vollständig erhaltene mittelalterliche und barocke Innenstadt, die für den Autoverkehr gesperrt ist. Wegen seiner Lage an der »Bernsteinstraße«, einer Handelsroute zwischen Ostsee und Adria bzw. Byzanz, war Sopron schon zu Zeiten der Römer ein wichtiger Handelsposten.

Diese Stellung festigte sich im Lauf der Geschichte. Im 12. Jh. ließen sich viele deutsche Auswanderer im heutigen Sopron (Ödenburg) nieder. Dank ihrer starken Befestigung überstand die Stadt die meisten Belagerungen, nicht jedoch eine schwere Feuersbrunst im Jahr 1676. Beim Wiederaufbau entstanden die barocken Stadtteile. Nach dem Friedensvertrag von Trianon 1921 entschieden sich die Bürger für die Zugehörigkeit zu Ungarn und nicht zu Österreich.

Sopron ist nicht mehr so überlaufen wie in den vergangenen Jahren, als Heerscharen von österreichischen Kauflustigen und Kurzurlaubern die Stadt vor allem am Wochenende in Beschlag nahmen. Seit dem Preisanstieg in Ungarn und dem EU-Beitritt hat sich der Ansturm gelegt – nicht unbedingt zur Freude aller Soproner. Dennoch ist die Grenzstadt nach wie vor wichtiges Einkaufszentrum. Aber man besinnt sich wieder stärker auf Qualität. Um die ursprüngliche Atmosphäre des Städtchens zu erfühlen, lohnt sich der Bummel durch die Innenstadt. Die alten Häuser, Türme und Mauern erzählen Geschichte und Geschichten.

Feuerturm

Die meisten Baudenkmäler drängen sich auf engstem Raum innerhalb der Stadtmauer zusammen. Das Wahrzeichen der Stadt ist der 61 m hohe Feuerturm. Sein Fundament stammt aus der Römerzeit und der viereckige Unterbau aus dem 14. Jh., das Mittelstück aus dem 15. Jh. (Renaissance), der barocke Zwiebelturm wurde nach dem großen Brand aufgesetzt.

**Fő tér

Zentraler Platz der Innenstadt ist der Fő tér mit dem **Apothekenmuseum** (Nr. 2) und dem mittelalterlichen **Storno-Haus** (Nr. 8) mit barocker Fassade, in dem bereits König Matthias Corvinus weilte. Die Kunstsammlung des späteren Besitzers Franz Storno ist im Museum im Haus zu besichtigen. Sehenswert auch das **Fabricius-Haus** (Nr. 6), die Verbindung mehrerer im Laufe der Zeit zusammengewachsener Häuser auf der Basis römischer Ruinen. Sogar die Stadtmauer ist in den Komplex integriert.

Im Mittelpunkt des Fő tér erhebt sich die barocke **Dreifaltigkeitssäule,** errichtet zum Dank für eine überstandene Pestepidemie in den Jahren 1695–1701. Zu Römerzeiten war auf dem heutigen Fő tér das Forum, später der Marktplatz.

Am Südende des Platzes steht die ***Ziegenkirche** (Benediktinerkirche), 1280–1491 im Auftrag der Franziskaner erbaut. Ihren volkstümlichen Namen erhielt der dreischiffige gotische Bau von einer Stifterfamilie, die eine Ziege im Wappen führte. Teile der Fassade und die Innenausstattung stammen aus dem 18. Jh. Von der Kanzel im südlichen Schiff warb 1456 der Franziskanermönch Johannes von Capistran um Freiwillige für den Kreuzzug gegen die Türken.

Lohnend ist der Abstecher ins alte Stadtviertel der früheren deutschen Wirtschaftsbürger, mit der Pfarrkirche **St. Michael,** einer dreischiffigen Hallenkirche mit Fassadenturm.

»Ungarns treueste Stadt«

Es war im Jahre 1921, als die Bürger von Sopron Nationalstolz bewiesen. Im Friedensvertrag von Trianon war die Stadt ein Jahr zuvor dem österreichischen Burgenland zugeschlagen worden. Die Soproner wollten dies nicht hinnehmen und erzwangen eine Volksabstimmung. Das Ergebnis: Die überwältigende Mehrheit wollte wieder ungarisch sein. Ein Entschluss, der Sopron zwar den Namen »Stadt der Treue« einbrachte, den aber viele später bereuten, nachdem Anfang der 50er Jahre nur wenige hundert Meter vor der Stadtgrenze der Eiserne Vorhang errichtet wurde.

i **Tourinform,** im Liszt-Ferenc-Konferenz- und Kulturzentrum, Liszt Ferenc u. 1, 9400 Sopron, Tel. 99/517-560, Fax 99/517-527, E-Mail, sopron@tourinform.hu, www.sopron.hu.

Hotel Wollner, Templom u. 20, Tel. 99/524-400, Fax 99/524-401, www.wollner.hu. Ideal im Stadtkern gelegenes Barockhotel mit wunderschönem Innenhof. Typische Speisen der Region im Hotelrestaurant (7–22 Uhr); 300 Jahre alter Weinkeller (17–23 Uhr). ❍❍❍

Bástya Panzió, Patak u. 40, Tel. 99/325-325, Fax 99/334-061, www.hotels.hu/bastya_panzio. Kleine, preisgünstige, freundliche und saubere Pension, gutes Frühstück. ❍

Gambrinus, Fő tér 3, Tel. 339-966. 10–21 Uhr. Hier kann man Ungarisches genießen – im Freien und mit dem Panorama des Hauptplatzes. ❍

1 Karte Seite 60

1
Karte
Seite
60

Von Sopron nach Osten

Wer zu Beginn der Tour einen Spaziergang am Wasser machen möchte, kann zum **Fertő-tó** fahren, dem **Neusiedler See,** einem herrlichen Nationalpark mit vielen seltenen Vögeln.

Nagycenk

Auf der Straße Richtung Győr kommt man 15 km hinter Sopron nach Nagycenk und zum **Schloss Széchenyi.** Der Reform-Graf István Széchenyi ließ das barocke Gutshaus 1833 zu einem klassizistischen Schloss mit großem Park erweitern. Im Schloss sind heute ein Museum und ein Hotel untergebracht.

Das **Schmalspurbahn-Museum** beim Schloss stellt acht Dampflokomotiven und viele Personen- und Güterwagen aus (Kiscenki út, tgl. außer Mo 9–17 Uhr).

Hotel Kastély, 9485 Nagycenk, Kiscenki út 3, Tel./Fax 99/360-061, E-Mail:kastelyszallo.nagycenk@syneko.hu. Gut geführtes Schlosshotel (S. 7), feine Küche. ❍❍

*Fertőd ❷

Nach weiteren 20 km kommt man nach Fertőd zum ***Schloss Esterházy.** Fürst Miklós Esterházy ließ es in den Jahren 1764–1766 nach Versailler und Schönbrunner Vorbild erbauen und machte es zu einem Treffpunkt für die bessere europäische Gesellschaft der Zeit. Der Komponist Joseph Haydn wirkte hier und im benachbarten Eisenstadt als Hofkapellmeister der Familie. Das Schloss gilt als bedeutendste Barockanlage Ungarns.

Restaurant & Vinarium Rápsi, Fö u. 78, Tel. 99/355-146.

Prunk und Zauber des Barock: Schloss Esterházy in Fertőd

Eines der exklusivsten Restaurants in Ungarn und seit Jahren auf der kulinarischen Hitliste. Wildspezialitäten und Spitzenweine. ❍❍❍

Die 60 km lange Strecke bis Győr wird dominiert von Fast-food-Lokalen, modernen Hotels und Firmenniederlassungen mit Fabrikverkauf.

**Győr ❸

Győr (Raab) zählt heute ca. 135 000 Einwohner und erweckt dennoch den Eindruck einer beschaulichen Stadt. Zu Zeiten der Kelten hieß der Ort an der Mündung der Flüsse Rába, Rábca und Marcal in die Donau Arrabona; nach den Kelten kamen die Römer, die Awaren, zeitweilig gehörte das Gebiet auch zum Karolingischen Reich. König Stephan I. erhob die Stadt zum Bischofssitz. Ein großer Brand 1566 zerstörte weite Teile von Győr, den Rest besorgten die Türken Ende des 16. Jhs.

Wegen seiner günstigen Lage an der Donau auf halber Strecke zwischen Wien und Budapest wurde Győr ein wichtiger Handelsplatz. Im 17. Jh. entstand das barocke Stadtbild, das gut erhalten ist. Győrs Bedeutung als Industriezentrum förderte der Bau der Bahnlinie Wien–Budapest im 19. Jh.

Győr hat trotz der über 130 000 Einwohner einen kleinstädtischen Charakter

Im Innern reich ausgeschmückt ist der barocke Liebfrauendom

1 Karte Seite 60

Mittelpunkt der Stadt ist der ***Széchenyi tér*** mit seinen hübschen barocken Bürgerhäuschen. Die Römer hatten hier ihr Forum, den Markt- und Versammlungsplatz. Größter Bau ist die ***St.-Ignatius-Kirche*** mit ihren schönen Fresken und den prunkvollen Goldverzierungen im Innern. Erbaut wurde sie von dem Florentiner Baccio del Bianco 1634–1641, die Türme kamen 1726 dazu.

Nur wenige Schritte entfernt, Ecke Rákóczi Ferenc utca/Teleki László utca steht das **Ungarische Spital,** das Bischof György Széchenyi 1666 aus mehreren alten Häusern zum Altersheim mit Laubenhöfen im toskanischen Stil umbauen ließ.

Zweiter wichtiger Platz der Innenstadt ist der ****Bécsi-kapu tér*** nahe dem Rábaufer, gesäumt von imposanten Bauten im Barock- und im Zopfstil. Besonders die Ostseite mit dem Altabak-Haus (Nr. 12) und dem Ott-Haus (Nr. 13) ist sehenswert. Beide wurden im 18. Jh. aus mittelalterlichen Häusern, die vormals hier standen, zusammengebaut. Im Sommer herrscht ein fast mediterranes Flair.

Geht man nun Richtung Norden, kommt man auf den Káptalan-Hügel, den höchsten Punkt der Stadt. Hier steht die mächtige ***Bischofsburg.*** Vom ersten Bau (11. Jh.) ist nichts mehr vorhanden, erhalten sind der gotische Turm aus dem 14. und die gotische Kapelle aus dem 15. Jh.

Gegenüber der Burg steht der barocke ***Liebfrauendom,*** dessen Grundstein bereits im Jahr 1033 gelegt wurde. Der erhaltene Baukomplex datiert größtenteils aus den Jahren 1635 bis 1650. Ansehen sollte man sich die Wandgemälde von Franz Anton Maulbertsch in den Seitenschiffen sowie die gotische St.-Ladislaus-Kapelle aus dem frühen 15. Jh. im südlichen Seitenschiff. In ihr wird ein Meisterwerk der ungarischen Silberschmiedekunst aus dem Jahre 1406 aufbewahrt, das Ladislaus-Kopfreliquiar.

Erfrischung und Spaß für Groß und Klein bietet das moderne **Rába-Quelle Heil-, Thermal- und Erlebnisbad Győr.** Es liegt auf einer Halbinsel an der Einmündung der Rába in die Donau mit einem herrlichen Blick auf die Altstadt. Fürdő tér 1. Tel. 96/514-903, www.rabaquelle.hu; tgl. 9–21 Uhr.

Tourinform,
Árpád utca 32, 9021 Győr,
Tel./Fax 96/3411-771,
www.gyortourism.hu.

1
Karte Seite 60

Hotel Klastrom, Zechmeister utca 1, Tel. 96/516-910, Fax 96/327-030, www.klastrom.hu. Geschmackvolles Hotel im ehemaligen Karmelitenkloster am Bécsi-kapu tér; 42 Zimmer. ❍❍

▮ **Kuckó Panzió,** Arany János utca 33, Tel. 96/316-260, Fax 96/319-459, www.hotels.hu/kucko. Apartments in einem Barockhäuschen in der Innenstadt. ❍❍

▮ **Gróf Cziráky Panzió,** Bécsi-kapu tér 8, Tel. 96/528-466, Fax 96/310-688, www.hotelcziraky.hu. Niveauvolle Pension mit 11 Zimmern in einem historischen Gebäude, Restaurant. ❍–❍❍

Restaurant Schweizerhof, Sárkántyú köz 11-13, Tel. 96/329-671, Fax 96/326-544, www.schweizerhof.hu; tgl. 11–23 Uhr. Das Restaurant im gleichnamigen 22-Zimmer-Hotel stellt seit Jahren das obere Ende des Gastronomiespektrums von Győr dar. ❍❍❍

▮ **Komédiás Étterem,** Czuczor G. u. 30, Tel. 96/527-217; tgl. 11–23 Uhr. Sehr gute ungarische Hausmannskost in der barocken Innenstadt. ❍❍

▮ **Várkapu Vendéglő,** Bécsi-kapu tér 7–8, Tel. 328-685; tgl. 11–23 Uhr. Hübsches Lokal mit Garten am alten Wiener Tor. ❍

*Benediktinerabtei Pannonhalma ❹

Von Győr empfiehlt sich ein Abstecher südwärts zur 20 km entfernten Benediktinerabtei St. Martin von Pannonhalma. Das Kloster thront majestätisch auf dem »Heiligen Berg Pannoniens«. Benediktiner kamen bereits Ende des 10. Jhs. hierher und bauten im Auftrag Stephans I. ein Kloster, das 1001 geweiht wurde.

Manchmal begegnet man auf Landstraßen noch Pferdefuhrwerken

Die Kirche datiert bis ins Jahr 1225 zurück, die klassizistische Klosteranlage entstand Anfang des 19. Jhs. neu. Die Ordensbrüder führen eines der angesehensten Gymnasien Ungarns, und die Bibliothek des Klosters umfasst 300 000 Bände.

*Tata – Stadt der Seen ❺

Der nächste interessante Ort in reizvoller Lage folgt etwa 60 km hinter Győr: Tata (27 000 Einw.). Das Städtchen entstand in der Römerzeit. Seine erste Blüte erlebte es im 15. Jh. unter Kaiser Sigismund und König Matthias, später baute man es wegen der Türkengefahr zur Festung aus.

1727 gelangte die Familie Esterházy in den Besitz von Tata. Man baute ein Schloss sowie viele Barockhäuser und ließ die umliegenden Sumpfgebiete trockenlegen. Es entstanden Seen, weshalb Tata »Stadt der Seen« hieß.

Die Sehenswürdigkeiten der Stadt gruppieren sich um den Öreg-tó, den »Alten See«, der im Mittelalter aufgestaut wurde. Das Schloss Esterházy am westlichen Seeufer erbaute Jakob

Die Ursprünge der Burg von Tata reichen ins 14. Jh. zurück

Fellner 1777 im Zopfstil. Kaiser Franz I. unterzeichnete hier 1809 auf der Flucht vor Napoleon den »Friedensvertrag von Schönbrunn«. Heute ist das Schloss ein Krankenhaus. Die ***Burg** am Seeufer entstand im 14. Jh.

Hotel Kristály, Ady Endre utca 22, Tel./Fax 34/383-577, www.hotels.hu/kristaly_tata. Edles Schlösschen von 1770 in der Innenstadt; diente einst als Gästehaus der Esterházys. 25 Zimmer. ❍❍–❍❍❍

▮ **Mónika Panzió,** am Seeufer (Tópart sétány), Tel./Fax 34/383-208, www.hotels.hu/monikapanzio. Moderne Pension in ruhiger Lage, 9 Zimmer. ❍❍

Restaurant Kristály, Ady Endre utca 22, Tel. 383-577; tgl. 11–15, 18–22 Uhr. First-Class-Restaurant im gleichnamigen Hotel mit Innenhof. ❍❍

▮ An der Straße 10 nach Budapest in der früheren Bergbaustadt Tatabánya zu empfehlen: **Vadvirág Kisvendéglő,** Táncsics u. 36, Tel. 332-584; tgl. 8–22 Uhr. Gediegenes Gasthaus mit ungarischer Hausmannskost. ❍

Tour 2

Romantik am Donauknie

Budapest → *Szentendre → **Visegrád → **Esztergom

2

Karte Seite 60

Diese Tour, die am malerischen Donauknie entlangführt, eignet sich auch gut für einen Ausflug von Budapest aus. Besonders reizvoll ist eine kleine kombinierte Bahn-Schiffs-Reise. Dazu fährt man mit der Vorortbahn HÉV von Budapest bis Szentendre, setzt dann mit der Fähre über nach Göd und benutzt den Zug bis Nagymaros. Von dort geht es mit der Fähre hinüber nach Visegrád und wieder zurück. Dann fährt man mit dem Zug bis Esztergom und von dort mit dem Schiff nach Budapest zurück. Das klingt kompliziert, ist es aber nicht. Genaue Fahrpläne sind bei den Touristeninformationsstellen erhältlich (s. S. 39). Die Tour dauert einen Tag. Wer mit dem Auto auf der Tour 1 von Sopron über Győr unterwegs ist, kann auch ab Dorog nach Esztergom fahren und die Tour 2 in umgekehrter Reihenfolge anhängen.

6 *Szentendre ❻

Erste Station 12 km nördlich von Budapest (s. S. 35) ist das barocke Szentendre, seit langem eine Künstlerkolonie mit vielen Galerien und Ateliers. Gegründet wurde es im 11. Jh. unter dem Namen Sanctus Andreas (St. Andreas), nachdem die Römer im 1. Jh. n. Chr. auf dem hügeligen rechten Donauufer bereits das Militärlager Ulcisia Castra errichtet hatten.

2
Karte
Seite
60

Im späten 14. Jh. siedelten sich Serben und Griechen, die vor den Türken geflohen waren, hier an. Eine weitere serbisch-griechische Flüchtlingswelle kam Ende des 17. Jhs. Viele Zuwanderer waren Handwerker und Kaufleute und der Ort wurde wohlhabend. Pestepidemien, Hochwasser sowie die Reblausplage von 1880 ließen den Ort wieder schrumpfen. Erst als um 1900 Künstler das idyllische Städtchen entdeckten und zur Enklave erkoren, blühte Szentendre wieder auf.

Heute leben 20 000 Menschen in der Stadt der Galerien und Kunstmuseen, die zum großen Teil um den denkmalgeschützten ***Fö tér** mit seiner orthodoxen Kirche aus den Jahren 1752–1754 gruppiert sind. Der Ort ist eines der beliebtesten Ausflugsziele des Landes, von Budapest auch mit dem Schiff zu erreichen. Für Liebhaber moderner Kunst sind die Műhely-Galerie und die art-éria galéria am Városház tér 1 zu empfehlen. Vom Fő tér führt eine Steintreppe auf den ***Burghügel** zur römisch-katholischen Pfarrkirche, dem ältesten Gotteshaus der Stadt; von hier hat man eine herrliche Aussicht über ganz Szentendre.

Szabadtéri Néprajzi Múzeum: Im größten Freilichtmuseum Ungarns kann man leicht einen Tag verbringen. Volksarchitektur aus allen Landesteilen wurde in der Parkanlage liebevoll und detailgetreu aufgebaut. Großen Anklang finden die Mitmach-Programme: altes Handwerk, Brotbacken, Volksmusik und Tanz. Sztaravodai út 1. April–Okt. 9–17 Uhr, Mo geschl.; www.skanzen.hu.

Tourinform, Dumtsa Jenő utca 22, 2000 Szentendre, Tel./Fax 26/317-965, 26/317-966, www.szentendre.hu.
Mo–Fr 9.30–16.30, Sa 10–14 Uhr.

Bükkös Hotel, Bükkös part 16, Tel. 26/312-021, Fax 310-782. Moderne Pension mit 16 Zimmern in einem historischen Haus der Innenstadt, mit Restaurant. ❍

Hubertus Panzió, Tyúkos dülő 10, Tel./Fax 26/310-616; März–Okt. Familiäre Pension, fünf Zimmer in einer Villa außerhalb der Stadt, von denen man den spektakulärem Blick über Budapest genießt. ❍

Aranysárkány, Alkotmány utca 1 A, Tel. 26/301-479; tgl. 12–22 Uhr. Unbestritten eines der besten Restaurants im weiten Umkreis mit gehobener ungarischer Küche. Hier bekommt man z. B. fein gepökelte Gänsebrust. ❍❍–❍❍❍

Der Weg führt an der Donau entlang. Ein guter Einkehrtipp in **Leányfalu,** 6 km hinter Szentendre direkt an der Straße ist:

Huszár Csárda Panzió, Móricz Zs. u. 126, Tel. 26/383-254, Mai–15.Sept., tgl. 823 Uhr. Volkstümliche Wirtschaft am Donauufer, einfache Zimmer. ❍

Empfehlenswert ist die Donauüberquerung bei **Tahitótfalu,** um wenige Kilometer weiter die Stadt Vác (Waitzen) zu besuchen. An der Fährstation liegt eines der besten Restaurants der Gegend, beliebt nicht zuletzt wegen seines idyllischen Gartens direkt am Flussufer:

Pokol Csárda, Váci rév, Tel. 26/387-102, tgl. 12–22 Uhr. Spezialität: Fisch- und Wildgerichte. ❍❍

*Vác ❼

Das verschlafene Barockstädtchen wird vom ***Dom** am Konstantin tér, einem spätbarock-klassizistischen Bauwerk, beherrscht. Die Kirche mit Querschiff wurde 1761–1777 nach Plänen von Isidore Canevale erbaut; das Kuppelfresko schuf F. A. Maulbertsch.

Zurück auf der rechten Donauseite, führt die Tour weiter am Fluss entlang. Die Donau ist hier hässlich begradigt, um ihre Fließgeschwindigkeit zu erhöhen. Ungarn hatte mit der vormaligen

2
Karte
Seite
60

2
Karte Seite 60

Der Salomonturm in Visegrád

Blick vom Burgberg in Esztergom auf den Donaudurchbruch

ČSSR ein gemeinsames Wasserkraftwerk geplant, das Gabčikovo-Nagymaros-Stausystem. Nach 1989 stieg die ungarische Regierung aufgrund der heftigen Proteste von Umweltschützern aus dem Projekt aus.

**Visegrád ❽

Der nächste Ort ist das malerisch gelegene Visegrád (Plintenburg). Das 2500-Einwohner-Städtchen ist berühmt wegen der Ruinen des Königspalasts auf dem Burgberg mit der Oberen Burg, von der man eine herrliche ****Aussicht** hat.

Die Sehenswürdigkeiten sind auf drei Ebenen angesiedelt. Unten liegt der **Königspalast,** dessen ursprüngliche Version aus dem ersten Drittel des 14. Jhs. stammt. König Matthias Corvinus ließ ihn 1476–1484 im Stil der Renaissance umgestalten. Mit 350 Räumen muss er einer der schönsten Bauten seiner Zeit gewesen sein. In den Türkenkriegen wurde er zerstört. Den Rest besorgten die Habsburger.

Auf der zweiten Ebene steht der **Salomonturm.** Der wohl aus dem 13. Jh. stammende Wohnturm am Fluss bildete den Kern der Unteren Burg. Von der Donau führen mit Tortürmen befestigte Verbindungsmauern zur **Oberen Burg.** Diese Trutzburg auf 328 m Höhe wurde von König Béla IV. nach dem Mongoleneinfall auf römischen Ruinen errichtet – und 1702 während der Kuruzenkriege von den Habsburgern gesprengt.

**Esztergom ❾

Nach weiteren 25 km erreicht man mit Esztergom (Gran, 32 000 Einw.) eine der ältesten Städte Ungarns. Bereits im 4. Jh. stand hier auf den rechtsseitigen Donauterrassen eine keltische Siedlung. Hier war nach der »Landnahme« der Magyaren die Residenz von Großfürst Géza, hier ließ er eine Königsburg bauen. Sein Sohn Stephan, der erste ungarische König – er soll um 970 hier geboren worden sein – gründete in Esztergom ein Bistum. Die Stadt war dann 250 Jahre königliche Residenz. Ihre Blütezeit hatte sie Ende des 12. Jhs. unter König Béla III.; nach dem Mongolensturm 1241/42 musste sie ihre führende Rolle an Buda abtreten, blieb jedoch Sitz des Erzbischofs und der kirchlichen Administration. Seit 1715 bekleidet der Erzbischof von Esztergom auch das Amt des Fürstprimas.

Der markanteste Bau der Stadt am Donaudurchbruch durch das Ungarische Mittelgebirge ist der ****Dom** auf dem höchsten Punkt des Burghügels. Das größte Gotteshaus Ungarns (118 m lang, 40 m breit) wurde zwischen 1822 und 1856 gebaut. Sehenswert sind vor allem im Südflügel die Bakócz-Kapelle aus rotem Marmor (16. Jh.), ein Kleinod der ungarischen Renaissance, das von einer Vorgängerkirche erhalten blieb, und die erzbischöfliche **Schatzkammer.**

Neben dem Dom sind Reste des **Königspalasts** zu sehen. Er wurde von den Türken im 18. Jh. zerstört und wird seit 1930 wieder freigelegt. Einige rekonstruierte Räume dieses ältesten ungarischen Palastes kann man besichtigen.

Das Zentrum der Altstadt bildet der Széchenyi tér mit dem barocken Rathaus und Bürgerhäusern, die in verschiedensten Stilen gebaut sind. Sehenswert ist auch das ***Christliche Museum** in der Berényi Zsigmond utca 2 unterhalb des Burgbergs mit der reichen Sammlung ungarischer und italienischer Renaissancemalerei.

Alabárdos Panzió, Bajcsy-Zsilinszky út 49, Tel./Fax 33/312-640, www.alabardospanzio.hu. Moderne Pension im Zentrum mit 21 Zimmern. ❍–❍❍

Csülök csárda, Batthyány u. 9, Tel./Fax 33/412-420; 12–6 Uhr. Speisekarte mit großer Auswahl. Recht zivile Preise. ❍

Im Anschluss an die historischen Ritterspiele serviert das **Renaissance-Étterem** ein deftiges **Rittermahl** im Stil der alten Zeit. Juni, Juli, August, jeden Donnerstag um 18 Uhr. Visegrád, Fö utca 11. Tel. 26/398-081, www.visegradtours.hu.

Tour 3

Im Hinterland des Balaton

****Veszprém → *Nagyvázsony → *Sümeg → *Sárvár → *Szombathely → *Kőszeg → *Ják → Zalaegerszeg → Keszthely**

Diese Tour führt durch das nördliche Hinterland des Balaton. Vom ehemaligen Bischofssitz Veszprém geht es durch das Balatoner Oberland und die südlichen Ausläufer des Bakony-Gebirges nach Westen, entlang der Burgenlinie, die vom Mittelalter bis zu den Türkenkriegen eine wichtige Rolle bei der Verteidigung Ungarns spielte. Die 250 km lange Tour ist abwechslungsreich, führt zu Burgen und Schlössern, durch Dörfer und hübsche Barockstädtchen. Sie ist an einem Tag zu schaffen.

**Veszprém ⑩

Die Stadt (Weißbrunn, 65 000 Einw.) hat eine große Vergangenheit. Auf dem Burgberg konzentriert sich ein faszinierendes Ensemble barocker Bauten. Von weitem zu sehen ist der mächtige Felsblock mit dem Burgviertel. Im Jahre 866 weihte der Erzbischof von Salzburg hier eine Kirche zu Ehren des heiligen Michael. König Stephan I. errichtete um 1000 die erste Burg und erklärte die Stadt zum Bischofssitz. Als Residenz für seine Gattin Gisela ließ der König einen Palast erbauen und verfügte, dass alle Königinnen hier gekrönt werden; der Erlass begründete den Beinamen »Stadt der Königinnen«.

3 Karte Seite 60

3 Karte Seite 60

Blick auf den Burgberg von Veszprém mit Sankt-Michaels-Dom und Bischofspalais

1552 zerstörten die Türken das prosperierende Veszprém. Spätbarock und Zopfstil prägten sein Bild beim Wiederaufbau im 18. Jh. Ende des Zweiten Weltkriegs wurden jedoch zwei Drittel der Stadt zerbombt.

Zentrum ist der ****Burgberg** mit seinen spätbarocken Gebäuden 30 Meter über dem Fluss Séd (Kleines Museum zur Geschichte des Burgbergs beim **Heldentor,** dem Hauptzugang zum Viertel). Wahrzeichen ist der angrenzende **Feuerturm** aus dem 19. Jh. mit wunderbarer Aussicht. Der **Bischofspalast** wurde um 1765 im reinsten Zopfstil erbaut. An der Stelle des jetzigen Palasts stand früher die Residenz der Königin Gisela. Erhalten ist die gotische Gisela-Kapelle aus dem 13. Jh.

Der traditionsreiche, gut geführte **Kálmán Zoo** im ehemaligen Jagdrevier König Matthias' bietet Wildschweinen, Hirschen, Mufflons, Wölfen und Bären sowie einigen Exoten großzügigen Lebensraum. Das Betekintstal ist eine herrliche Landschaft für Spaziergänge (Kittenberger K. út 15–17, Mai–Sept. tgl. 9–18 Uhr, die übrigen Monate kürzer).

Ein Ausflug führt zum **Porzellanmuseum** im etwa 15 km westlich gelegenen **Herend.** Die Herender Manufaktur wurde wegen ihrer farbenprächtigen Schmuckelemente weltberühmt. Besucherzentrum mit Schaumanufaktur (nur Führungen), Verkaufsausstellung, Café und Restaurant; Apr.–Okt. tgl. 9.30–17 Uhr, Nov.–März Di–Sa 9.30 bis 16 Uhr; www.porcelanium.com.

Tourinform, Megyeház tér 1, 8200 Veszprém, Tel. 88/545-045, Fax 88/545-039, www.vpmegye.hu (Komitat), und Vár utca u. 4, Tel./Fax 88/404-548, www.veszprem.hu/nemet (Stadt).

Erdei Vendéglő, beim Zoo, Tel. 88/425-458; tgl. 11–23 Uhr. Überzeugende ungarische Küche: gutes, preiswertes Kesselgulasch, geröstete Leber oder Bákonyer Schweinekotelett. ❍

Udvarház, Bánd, Petőfi u. 2, Tel. 88/272-424; Di–So 12–22 Uhr. Empfehlenswerte Bauernwirtschaft 12 km westlich von Veszprém in Bánd. ❍

*Nagyvázsony ⑪

Wahrzeichen des auf einer Anhöhe gelegenen Dorfes mit seinen Kalksteinhäusern ist die **Burg Kinizsi;** sie wurde mehrmals von türkischen Truppen erobert, doch niemals zerstört. In ihrem 30 m hohen gotischen Turm ist das Burgmuseum untergebracht.

Das **Zichy-Schloss** wurde um 1730 erbaut und ist von einem herrlichen Park umgeben, wo alle zwei Jahre historische Reiterspiele stattfinden.

*Sümeg ⑫

Der Weg führt nun durch das Oberland des Balaton, eine hügelige Wiesen- und Felderlandschaft, ins 40 km entfernte Sümeg (7000 Einw.). Weithin sichtbar thront die unverwechselbare **Burg** auf einem 270 m hohen Kalksteinkegel, eine der größten und besterhaltenen Ungarns. Sie datiert in ihren Ursprüngen aus der Mitte des 13. Jhs.

Zurück ins Mittelalter und in die Zeit der Türkenkriege versetzt die Sümeger Burg ihre Besucher alljährlich im Juli und August. Aufwendige **Ritterspiele,** Programme mit Pferden sowie ein bunter Handwerkermarkt besitzen hohe Attraktivität (Vorführungen ab 11 und 18 Uhr, Tel. 87/352-598, www.sumegvar.hu).

Die Kleinstadt zu Füßen der Burg erlebte ihre Blütezeit als Bischofssitz im 18. Jh. Damals entstanden bedeutende kirchliche Bauten wie das Bischofspalais und die Franziskanerkirche.

Die **Pfarrkirche Christi Himmelfahrt** in der Ortsmitte (Deák Ferenc utca) ist nur von außen unscheinbar – die spätbarocken **Fresken von Franz Anton Maulbertsch im Inneren gelten als die schönsten des Landes.

Eiserner Ritter in der Burgruine von Sümeg

Hotel Vár, 8330 Sümeg, Vak Bottyán u. 2, Tel./Fax 87/352-352, www.hotelvar.hu. Ein sympathisch schlichtes Haus. ❍

*Sárvár ⑬

Der nächste größere Ort ist Sárvár (16 000 Einw.). Im 15. Jh. wurde das Schloss vom Adelsgeschlecht Nádasdy zur Renaissanceanlage ausgebaut. Schlossherr Tamás Nádasdy machte Sárvár in der Zeit der Reformation zum intellektuellen Zentrum Westungarns. Zuletzt gelangte Sárvár in den Besitz der Wittelsbacher. Bayerns letzter König Ludwig III. starb hier 1921 im Exil. Sehenswert sind der **Prunksaal** mit den Wandfresken aus dem 16. und 17. Jh. sowie Räume mit edlen Möbeln und Zopfstil-Öfen.

Zum Entspannen, Erholen oder Toben: Das modern und großzügig gestaltete **Sárvárer Heil- und Wellnessbad** mit Erlebnispool und Heilbecken ist eine Pause wert. Vadkert u. 1., Tel. 95/523-600, www.sarvarfurdo.hu; tgl. 8–22 Uhr.

3 Karte Seite 60

3 Karte Seite 60

*Szombathely ⓮

Das als Industriestandort bekannte Szombathely (wörtlich »Samstagsort«, 80 000 Einw.) bekam diesen Namen, weil im 10. und 11. Jh. samstags immer Markt war. Der Ort entwickelte sich aus der bedeutenden Römerstadt Savaria an der Bernsteinstraße. 316 wurde vermutlich der hl. Martin hier geboren. Als 1777 Maria Theresia Szombathely zum Bischofssitz erhob, entstand das barocke Zentrum.

Den Mittelpunkt der Stadt bildet der Berzsenyi Dániel tér mit dem **Dom** (1791–1814). Daneben erhebt sich das ***Bischofspalais** mit herrlichen Fresken von F. A. Maulbertsch im barocken Festsaal. Aus derselben Zeit stammt das **Komitatsrathaus.** Der **römische Ruinengarten** hinter dem Dom erklärt, wie Savaria einst aussah.

Der schönste Platz ist der mittelalterliche Marktplatz im Zentrum (Fußgängerzone), der **Köztársaság tér,** eine Mischung alter und moderner Häuser. Sehenswert ist das Kaufhaus Centrum, ein herrlicher Jugendstilbau mit gläserner Dachkonstruktion.

Das **Iseum** (Rákóczi u.1; vorübergehend wegen Grabungen geschl.) zeigt Reste eines seltenen ägyptischen Isis-Heiligtums der Römerstadt Savaria aus dem 2. Jh. Die ländliche Bau- und Lebensweise im Komitat Vas erlebt man im **Museumsdorf** (Árpád u. 30, 15. März–15. Sept., Di–So 9–17 Uhr).

i **Tourinform,** im Rathaus, Kossuth u. 1–3, 9700 Szombathely, Tel. 94/514-451, Fax 94/514-450, www.szombathely.hu.

Park Hotel Pelikán, Deák F. u. 5, Tel. 94/513-800, Fax 513-801, www.hotelpelikan.hu. Modernes 4-Sterne-Hotel, das eine historische Villa einschließt. ○○○

*Kőszeg ⓯

Das 20 km entfernte Kőszeg (Güns, 14 000 Einw.) war schon im 10. Jh. eine wichtige Grenzbastion. Sein attraktives Stadtbild mit den vielen Straßencafés prägen Häuser des 18. Jhs. und die berühmte ***Burg,** die 1532 mit einigen hundert Mann Besatzung einem übermächtigen Türkenheer erfolgreich Widerstand leistete. Zentrum der Stadt ist der **Jurisics tér** mit der spätgotischen Kirche St. Jakob und der Barockkirche St. Emmerich (17. Jh.). Die Einrichtung des **Apothekenmuseums** (Haus Nr. 11) stammt von 1740.

*Ják ⓰

Zurück in Szombathely erreicht man 12 km südwestlich Ják, ein Dorf mit Ungarns bedeutendstem Denkmal romanischer Baukunst und Bildhauerei. Die **Stiftskirche St. Georg** mit der wuchtigen Westfassade und dem skulpturengeschmückten Portal, 1256 geweiht, überstand die Türkenkriege mit schweren Schäden. Anfang des 20. Jhs. wurde sie in nahezu ursprünglicher Form wieder hergestellt.

Zalaegerszeg

Von Ják sind es 40 km nach Zalaegerszeg, einer Industriestadt mit 65 000 Einwohnern. In den 1930er-Jahren stieß man in der Nähe auf Erdöl.

Das **Freilichtmuseum** (April bis Okt. Di–So 10–18 Uhr) im Westteil der Stadt versammelt 50 schilfgedeckte Bauernhäuser aus der Gegend von Göcsej und eine Mühle.

Durch ein reizvoll ländliches Gebiet sind es 40 km bis Keszthely (s. S. 69).

Tour 4

7 Rund um den Balaton

Balatonkenese → *Balatonfüred → **Halbinsel Tihany → **Keszthely → *Hévíz → **Kis-Balaton → *Sisofok → *Székesfehérvár

Die Fahrt führt dem Besucher die großen Kontraste an diesem größten See Mitteleuropas vor Augen. Es gibt viel zu entdecken zwischen dem östlichen Hochufer bei Balatonkenese und der hübschen Schlossstadt Keszthely im Westen, zwischen den Vulkanbergen bei Badacsony und den langen Strandabschnitten des Südufers. Der Balaton ist durchschnittlich nur 3,5 Meter tief, am flachen Südufer kann man Hunderte von Metern weit ins Wasser waten. Die tiefste Stelle bei der Halbinsel Tihany am Nordufer misst stolze 11 Meter. Die Tour um den See ist ca. 210 km lang, von Siófok nach Székesfehérvár sind es weitere 40 km. Man sollte zwei Tage veranschlagen.

Ferienwohnungen und Hotels existieren am Balaton in ungeahnter Zahl. Wer nicht im Juli/August reist, kann sich vor Ort spontan entscheiden. Kataloge verschickt: Ungar. Tourismusamt, 8230 Balaton füred, Blaha Lujza u. 4, Tel. 0036/87/342-801, Fax 342-871, E-Mail: rmibalaton@hungarytourism.hu; www.balaton-tourism.hu.

Camping: Spezialinfos bei **Balatontourist,** 8200 Veszprém, Kossuth L. u. 25, Tel. 0036/88/544-444, Fax 544-401, E-Mail: booking@balatontourist.hu, www.balatontourist.hu.

Ein Dorado für Fischer – der Plattensee

Von Balatonkenese bis Balatonfüred

Die Reise beginnt in **Balatonkenese** mit seinem alten Dorfkern am sehenswerten Hochufer des Sees. Reizvoll rücken die Hügel bis dicht an den See und umrahmen schöne Buchten.

***Balatonalmádi** ⓱ (23 km) ist einer der beliebtesten Ferienorte hier. Im benachbarten **Vörösberény** lohnt ein Besuch der Reformierten Kirche aus dem 13. Jh. Sie ist eine der wenigen erhaltenen Wehrkirchen am Balaton.

Von Balatonalmádi empfiehlt sich ein Abstecher (4 km) ins Landesinnere nach ***Felsőörs,** umrahmt von Weinbergen mit großartigem Blick auf den See. Nur knapp 3 km sind es hinunter nach **Lovas** mit schönen Bauernhäusern. Von **Alsóörs** am Seeufer führt der Weg 4,5 km vorbei an alten Kelterhäusern durch idyllische Weinorte zum Hauptort der »Balatoner Riviera«.

*Balatonfüred ⓲

Als ältester und traditionsreichster Kurort (15 000 Einw., Heilwasser, berühmtes Herzsanatorium) ist Balatonfüred mit seiner schönen Uferpromenade weithin bekannt. Das Zentrum bildet der **Gyógy tér** (Platz der Genesung) mit dem klassizistischen Kurpa-

4 Karte Seite 60

villon. Vom Gyógy tér zweigt die **Blaha Lujza utca** ab, in der fast alle Häuser unter Denkmalschutz stehen. Sehenswert ist die Villa der legendären Sängerin Lujza Blaha (Haus Nr. 4) aus dem Jahr 1867, heute ein kleines Hotel.

Der **Annenball** Ende Juli gilt seit 170 Jahren als *das* gesellschaftliche Ereignis der Saison. Balatonfüred ist zudem Ungarns Hochburg des Segelsports (ältester Segelverein).

Arany Korona Restaurant, Kossuth Lajos u. 11, Tel. 87/580-550; tgl. 9–22 Uhr. Bodenständiges Lokal mit guten Fisch- und Wildgerichten. Etwas abseits vom Trubel gelegen, großer Garten. ❍

Der **Balaton-felvidéki Nemzeti Park** (Nationalpark Balaton-Oberland) erstreckt sich 1–15 km breit am Nordufer des Balaton zwischen Balatonszőlős und Rezi und umfasst auch das Vogelschutzgebiet Kis-Balaton. Infos über Sehenswürdigkeiten und geführte Touren: www.bfnp.hu.

**Halbinsel Tihany ⑲

Die 12 km² große, etwa 5 km in den See ragende Halbinsel ist das populärste Ausflugsziel am Balaton. An der höchsten Stelle thront die barocke **Abteikirche** (1740–1754) mit den zwei Türmen und prunkvoller Rokoko-Innenausstattung. 1055 gründete König András I. eine Benediktinerabtei, 1702 ließen die Habsburger das zur Festung ausgebaute Kloster sprengen. Nur die romanische Krypta blieb erhalten. Schon 1952 wurde ein Großteil Tihanys wegen der geologischen Besonderheiten unter Naturschutz gestellt, ferner sind die meisten der schilfgedeckten Häuser des einstigen Fischerdorfes Tihany denkmalgeschützt.

Zwischen Tihany und Szántod am Südufer verkehrt ganzjährig mehrmals täglich eine **Autofähre** und bietet Gelegenheit zum schnellen »Seitenwechsel« (Tel. 84/310 050, www.balatonihajozas.hu.

Herzenfriedhof – Káli-Becken

Nächster Ort auf dem Festland ist nach 5,5 km **Balatonudvari** an der Landstraße 71 mit den berühmten, denkmalgeschützten Herzenfriedhof. In den 1880ern hatte ein Steinmetz seiner im See ertrunkenen Geliebten einen herzförmigen Grabstein gemeißelt und viele Nachahmer gefunden.

Hinter Zánka beginnt im Landesinneren das **Káli-Becken** *(Káli-medence)*, ein Herzstück des Nationalparks Balaton-Oberland. Die Landschaft mediterranen Charakters ist geprägt von mittelalterlichen Kirchenruinen und faszinierenden geologischen Formationen. Die Basaltsäulen des **Hegyestű** bei Monoszló (geol. Ausstellung, 15. April–Okt.) sowie das bizarre, zerklüftete **Steinmeer** von **Szentbékkálla** sind einzigartig. In der **Naturschutzmeierei von Salföld** kann man die heimische Haustierrassen sehen. Schon die Römer kannten die **Theodora-Mineralwasserquelle** von Kékkút.

Die sorgfältig restaurierten alten Bauernhäuser der 9 Dörfer des Káli-Beckens, die Ruhe und Schönheit der Natur machen die Gegend zu einem beliebten Ziel des Dorftourismus.

Nur 7 km sind es bis **Révfülöp,** wo einer der besten Weine des Balaton erzeugt wird. Ein Abstecher lohnt sich in das benachbarte **Kővágóörs,** ein Dorf mit urwüchsiger Atmosphäre.

Káli Vendéglő, Jókai utca 48, Kővágóörs, Tel. 87/463-016; tgl. 10–22 Uhr. Großes Restaurant mit

4 Karte Seite 60

Weinberge am Plattensee

Schloss Festetics in Keszthely

schönem Hof und solider Küche. Von hier Kutschenfahrten in den Nationalpark des Káli-Beckens (s.S. 68). ○○

*Basaltberg Badacsony ⑳

Nach 12 km taucht der Badacsony auf, ein 438 m hoher vulkanischer Basaltberg, der in den See hineinragt. Vom Hafen sollte man zum spätbarocken Winzerhaus **Kisfaludy-ház** (1790) mit schönem Ausblick hochsteigen und die Balaton-Weine genießen.

Muskátli Étterem, Balaton u. 2, Badacsonytomaj, Tel. 87/471-167; tgl. 9–21 Uhr. Ein Genuss: hausgemachte Strudel u. Pogatschen. ○○

Ein Abstecher ins Hinterland Richtung Tapolca führt ins **Tal der Vulkane** mit insgesamt 14 erloschenen Kolossen, an deren Hängen edle Trauben reifen.

Per Paddelboot kann man die unterirdische **Seehöhle** in **Tapolca** erkunden (Kisfaludy u. 3, März bis Nov. Di–So 10–18 Uhr).

Westlich von Badacsony liegen, ebenfalls auf Basalthügeln, Burg und Dorf **Szigliget.** Im malerischen Ortskern stehen bis zu 200 Jahre alte, schilfgedeckte Häuser. Schmuck ist das klassizistische Esterházy-Palais am Fő tér.

Badeorte, deren Ferienhäuser sich bis weit hinauf in die Hügel ziehen, kennzeichnen die 21 km bis Keszthely.

**Keszthely ㉑

Seit dem Mittelalter ist Keszthely (22 500 Einw.) Marktort von Bedeutung. Seine große Zeit begann 1739, als es vom Adelsgeschlecht Festetics erworben wurde, das das **Schloss** (1745) errichten ließ. Die große Kostbarkeit ist die Helikon-Bibliothek mit 52 000 Bänden in kunstvollen Schränken. Vom Schloss führt die Kossuth Lajos utca als Fußgängerzone zum Fő tér, mit der gotischen Klosterkirche (1386). Über Geschichte, Flora, Fauna und Ökologie des Sees informiert das ***Balaton-Museum** (Febr.–April Di bis Sa 9–17, Mai–Okt. Di–So 10–18 Uhr).

8 *Thermalsee von Hévíz ㉒

Hévíz besitzt Europas größten Thermalsee (47 500 m²; 25–35 °C im Winter/Sommer). Schon die Römer nutz-

4 Karte Seite 60

ten die Heilkraft des schwefel- und kohlesäurehaltigen Wassers. 1795 baute man das hölzerne Badehaus, bald danach galt Hévíz als angesehener Kurort. Ein besonderer Genuss ist es, sich morgens im dampfenden Seebad durch ein Meer roter Seerosen treiben zu lassen. Neben Kuren setzt man heute vermehrt auf Wellness.

Natur Med Hotel Carbona, Attila u. 1, Tel. 83/543-582, www.carbona.hu. Hévizer Badekur, Thalassotherapie, Beautyfarm. ❍❍❍
▮ **Hunguest Hotel Helios,** Vörösmarty út 91, Tel. 83/342-895, www.hotelhelios.ini.hu. Hoteleigenes Kurzentrum, Ausflugsprogramm, Buffet-Mahlzeiten. ❍❍

4 Karte Seite 60

**Kis-Balaton

Der »Kleine Balaton« (21 km) sorgt für das ökologische Gleichgewicht des Sees. In den sumpfigen Schilfgebieten des Vogelreservats (Nationalpark) nisten fast 10 000 Vögel, darunter Reiherarten, Kormorane und Bienenfresser. Auf der Insel **Kányavár** erlebt man die ursprüngliche Natur. Bei Kápolnapuszta befindet sich das einzige **Büffelreservat** Mitteleuropas.

Über Fonyód nach Siófok ㉓

Fonyód ist bekannt für seinen Sandstrand und die Fähre nach Badacsony. Von den Gipfeln Sipos und Várhegy hat man einen schönen Blick auf den See. Nach 8 km erreicht man **Balatonboglár** und **Balatonlelle,** beliebte Badeorte für den Familienurlaub.

Balatonföldvár wurde von der Familie Széchenyi gegründet. Im Nachbarort Szántód legt die Fähre nach Tihany an (S. 68). Als Touristik- und Kulturzentrum beeindruckt die Meierei **Szántódpuszta** mit Galerien, Folklore, Csárda, Weinkeller, Aquarium und Pferden.

10 km weiter liegt die größte und mit 17 km Ufer auch längste Stadt am Balaton: **Siófok** (23 000 Einw.). Ihr Aufschwung begann mit der Bahn. Am **Gold- und Silberstrand** pulst die Szene in Top-Discos und Bars, finden Sportfans alle Möglichkeiten, genießen Familien Urlaub in Clubs. Fast alle Linienschiffe laufen Siófok an.

Dalma Panzió, Rákóczi út 33, Balatonvilágos, Tel./Fax 88/480-883. In einem Wäldchen direkt am See, 29 Zimmer. ❍

*Székesfehérvár ㉔

Von Siófok sind es auf der Autobahn etwa 40 km bis Székesfehérvár (Stuhlweißenburg), Ungarns ältester Königsstadt. Um 970 errichtete hier Fürst Géza eine Burg. 1777 wurde es Bischofssitz und entwickelte sich zur wohlhabenden Barockstadt. Heute ist es wichtiges Industriezentrum.

Am Szabadság tér in der Altstadt steht der **Dom St. Peter und Paul** (1759–1778) und daneben als gotische Rarität: **St. Anna** von 1478.

Der Bischofspalast am Városház tér wurde 1790–1801 im Zopfstil erbaut, mit Steinen der Basilika, deren Reste im dahinter liegenden ***Ruinengarten** freigelegt werden.

Tourinform, Városház tér 1, www.szekesfehervar.hu.

Budai Panzió, Budai út 286, Tel. 22/302-686, www.hotels.hu/budai. Freundliche Pension mit 13 Zimmern, zentral gelegen. ❍

Der Plattensee – das ungarische Meer

P27

Tour 5

Der warme Süden Ungarns

****Pécs → *Kaposvár → Dombóvár → Tamási → Szekszárd → *Baja → *Mohács → Villány**

Die knapp 300 km lange Tour führt durch den Süden Ungarns, die wärmste Region des Landes, in der sogar Zitronen und Orangen gedeihen. Von Pécs geht es durch das urwüchsige Mecsek-Gebirge über Kaposvár und Tamási, danach durch waldreiche Gegenden wieder ins Donaubecken nach Baja und Mohács. Endpunkt ist die Gegend um Villány, wo einer der besten Rotweine Ungarns erzeugt wird. Auf dieser Route ist man gerne eine Woche unterwegs.

5 Karte Seite 74

9 **Pécs ㉕

Pécs (185 000 Einw.) ist eine heitere Stadt mit fast südländischem Flair. Außerdem verzeichnet die Stadt landesweit die meisten Sonnenstunden. Die Römer gründeten hier eine Siedlung und bereits im 9. Jh. existierten fünf Gotteshäuser, daher auch der deutsche Name »Fünfkirchen«.

Die Spuren der türkischen Besatzung in den Jahren 1543–1686 sind im Stadtbild zu sehen. Danach ließen sich in der verwaisten Stadt und ihrer Umgebung meist schwäbische und bayerische Einwanderer nieder, die Weinbau betrieben. Später gelangte die Porzellan- und Keramikmanufaktur Zsolnay zu Weltruf. Ödön Lechner ließ die bunt glasierten Tonplatten, die er bei fast allen seinen Jugendstilbauten verwendete, bei Zsolnay herstellen.

Zentrum der Stadt ist der ****Széchenyi tér,** der mittelalterliche Marktplatz. Hier steht die ****Moschee des Pascha Kassim Gasi** mit ihrer riesigen Kuppel, erbaut 1585 und heute die Innerstädtische Pfarrkirche.

Geht man den Berg hinauf und links in die Janus Pannonius utca, kommt man zum monumentalen viertürmigen ***Dom St. Peter** aus dem 11./12. Jh. Das mittelalterliche Bischofspalais auf dem Vorplatz wurde im 19. Jh. umgebaut. An der Ostseite des Platzes hat man altchristliche ***Grabkammern** freigelegt.

Eine der schönsten Straßen der Stadt ist die ***Káptalan utca,** die vom Domplatz wegführt. Das Haus Nr. 1 ist das älteste erhaltene der Stadt von 1324. Das **Zsolnay-Museum** (Nr. 2) zeigt historische Erzeugnisse der Porzellanfabrik, das **Geburtshaus** von **Viktor Vasarely** (Nr. 3) Werke des Op-Art-Künstlers. Das **Csontvári-Museum** (Janus Pannonius u. 11) ist ganz dem grandiosen symbolistisch-expressionistischen Maler gewidmet. Sehr sehenswert ist die **Moschee des Pascha Hassan Jakowali** am südwestlichen Rand der Innenstadt (Rákóczi u. 2) mit dem Minarett aus dem 16. Jh.

Einen herrlichen Blick auf die Stadt genießt man vom ***Tettye tér** im Norden, dem Hausberg der Pécser.

i **Tourinform,** Széchenyi tér 9, 7621 Pécs, Tel. 72/213-315, Fax 72/212-632, www.pecs.hu.

Hotel Palatinus, Király utca 5, Tel. 72/889-400, Fax 889-438, www.danubiusgroup.com/palatinus. Prächtiges Jugendstilhotel in der Fußgängerzone mit 100 Zimmern. ○○○
▮ **Makár-Tanya Sporthotel,** Középmakár dűlő 4, Tel. 72/224-400,

Das Bischofspalais in Pécs

Fax 72/224-306, www.hotels.hu/makartanya. Ideal für Gesundheits- und Sportbewusste; interessantes Wellnessangebot. ❍❍❍

Avar Panzió, Fenyves sor 2, Tel. 72/510-766, Fax 72/510-767. Pension mit schönem Gartenrestaurant in einem Wäldchen nördlich der Innenstadt. ❍❍

Camping: Mandulás Motel und Camping, Ángyán J. utca 2, Tel. 72/315-981; nur 15. 4.–15. 10. geöffnet. Schön gelegener Platz am Rande des Mecsek-Gebirges, 10 Autominuten von der Innenstadt. Kleine Hotelzimmer in Hütten.

Ferences, Ferencesek u. 24, Tel. 325-239. Tgl. 10–24 Uhr. Gepflegte ungarische Küche, viele Touristen fühlen sich hier wohl. ❍❍

Tettye, Tettye tér 4, Tel. 72/532-788; tgl. 11–24 Uhr. Von Ungarndeutschen geführte Gastwirtschaft mit großem Garten am Pécser »Hausberg«. Hier werden Schwabenbälle veranstaltet. Dekoration mit alten Trachten. ❍

*Kaposvár ㉖

Nach Nordwesten durch das Wald- und Wandergebiet des Mecsek-Gebirges erreicht man nach 60 km das barocke Kaposvár (74 000 Einw.) in der Sumpf- und Wiesenlandschaft Somogy im Hinterland des Balaton.

Sehenswert ist die Fußgängerzone **Fő utca** mit dem barocken Dorottya-Haus (Nr. 1; heute Hotel Csokonai), sowie dem klassizistischen ehemaligen Komitatshaus (Nr. 10).

Tourinform, Fő utca 8, 7400 Kaposvár, Tel. 82/512-921, Fax 82/320-404, www.kaposvar.hu.

Csokonai, Fő utca 1, Tel. 82/315-705. Tgl. 11–22 Uhr. Beliebtes Restaurant mit einem hübschen Hof. ❍❍

Alte Volksarchitektur aus dem ganzen Land wurde im **Museumsdorf** in **Szenna** zusammengetragen. Die Kirche (18. Jh.) schmückt eine schöne Kassettendecke. Rákóczi utca 2, Szenna, 8 km von Kaposvár; April–Okt. 10–18 Uhr, Nov.–März 10 bis 16 Uhr, Mo geschl.

Dombóvár ㉗

Gen Osten erreicht man durch Hügelland nach 25 km **Nagyberki.** Nach 10 km zwischen Wiesen und Feldern des Balaton-Hinterlandes kommt man nach **Dombóvár** (20 000 Einw.), ein ruhiges Städtchen mit Burgruine, Thermalbad und barockem Stadtkern.

Dombóvár Hotel, Hunyadi tér 1–5, Tel. 74/466-155, Fax 465-045. 26 Zimmer, Restaurant mit Biergarten. ❍❍

5 Karte Seite 74

Tamási ㉘

Dieser Ort am Gyulajer Wald, 10 km Richtung Norden, ist besonders bei Jägern beliebt. Hier steht das historische Jagdschloss der Esterházys. Eine schnelle Erfrischung im hübschen **Waldschwimmbad** sollte man sich nicht entgehen lassen.

Der Weg führt von Tamási durch eine stimmungsvolle, üppig grüne Wald- und Wiesenlandschaft wieder in südöstlicher Richtung zum Donaubecken. Man fährt dabei durch hübsche kleine Orte, die vom Trubel des Tourismus noch weitgehend unberührt geblieben sind.

Diófa Csárda, Harc (10 km vor Szekszárd), Alkotmány utca 2, Tel. 74/437385; tgl. 7–22 Uhr. Ländliche Marktküche. ❍

*Szekszárd ㉙

50 km hinter Tamási kommt man nach Szekszárd, eine typischen transdanubische Kleinstadt (38 000 Einw.) inmitten ausgedehnter Weinanbaugebiete. Hier werden würzig-aromatische Rotweine gekeltert. Das ehemalige **Komitatshaus** ist ein klassizistischer Bau aus den Jahren 1828–1833.

8 km südwestlich der Stadt steht das von Basilianer-Mönchen gegründete ***Kloster Grábóc;** in der griechisch-orthodoxen Kirche (18. Jh.) ist eine kostbare Ikonostase zu sehen.

Der **Gemencer Wald,** östlich der Stadt an den toten Armen der Donau gelegen, ist Teil des Nationalparks Donau-Drau und das größte Wildreservat des Landes. Der Wald und seine reiche Tierwelt können auf 30 km mit der Kleinbahn entdeckt

5
Karte Seite 74

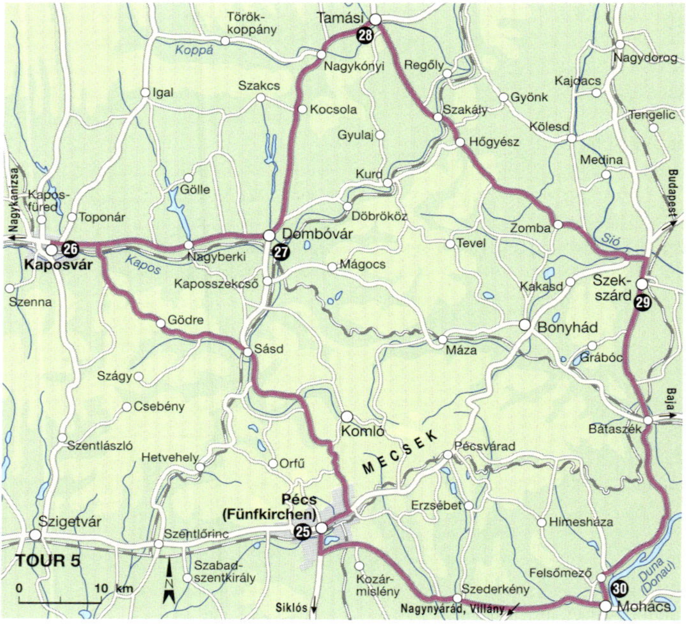

Im Szekszárder Weinanbaugebiet

werden. Abfahrt von Báránwritten bei Szekszárd: Mai–Okt. tgl. 10.30 und 13.15 Uhr, Tel. 74/312-552.

Hotel Alisca, Kálvária út 1, Tel./Fax 74/318-228. Modernes, hübsches Hotel mit 19 Zimmern auf einem Berg nahe der Stadt; herrlicher Ausblick; Restaurant April–Dez. tgl. 7–24 Uhr. ○

Aranykulacs kisvendéglő, Nefelejcs köz 74, Tel. 74/413-369, tgl. 12–24 Uhr. Familiengeführtes Weinkeller-Lokal an der Szekszárder Weinstraße. Reichhaltige Küche, 50 Weinsorten. ○

*Baja

Nächster Ort in Richtung Süden im Donaudelta ist nach 20 km Bátaszék; hier lohnt ein 22 km langer Abstecher nach Baja (40 000 Einw.) am Donauarm Sugovica. Im Mittelalter wichtiges Zentrum für den Vieh- und Getreidehandel, war es im 18. Jh. gar eine der reichsten Städte Ungarns. Der frühere Wohlstand der Stadt ist heute an den prächtigen Fassaden am **Szentháromság tér,** dem riesigen Platz am Ufer der Sugovica zu erahnen.

Besichtigen sollte man die **Synagoge** in der Munkácsy utca 7 sowie die griechisch-orthodoxe ***Serbische Kirche** am Szabadság tér mit ihrer goldverzierten Ikonostase, einer Bilderwand hinter dem Altar.

Kolibri Panzió, Batthyány utca 18, Tel. 79/321-628. Angenehme kleine Pension mit fünf Zimmern. ○

Sobri Halászcsárda, Bajcsy Zs. u. 8, Tel. 79/420-654; tgl. 11–22 Uhr. Immer frische Fischsuppe und Fischspezialitäten. ○○

Gruber Sörházin, Sükösd, etwa 12 km nördlich von Baja, Dózsa György út 45, Tel. 79/363-899; tgl. 11–23 Uhr. Kleine Brauerei mit angeschlossenem Restaurant. ○

5 Karte Seite 74

*Mohács ㉚

Von Baja sind es noch 40 km bis nach Mohács an der Donau, wo bei der furchtbaren Schlacht im Jahre 1526 die Ungarn von den Türken besiegt wurden. Der **Gedenkpark** (Emlékpark) in Richtung Sátorhely, etwa 6 km südlich der Stadt, erinnert an diese nationale Katastrophe. Die Innenstadt schmückt sich mit etlichen hübschen barocken Häusern und dem ehemaligen Bischofspalast.

Für Wintergäste: Anfang Februar erlebt Mohács einen ausgelassenen Mummenschanz beim **Buschogang,** einem alten Faschingsbrauch, der mit tollen Masken gefeiert wird. Sehr sehenswert.

Panzió Korona, Jókai utca 2, Tel. 69/311-480. Stilvolles altes Haus in der Innenstadt, 6 Zimmer. ❍

Halászcsárda Étterem, Szentmihály tér 5, Tel. 69/322-542; tgl. 11–23 Uhr. Empfehlenswertes Fischrestaurant mit schöner Aussicht auf Donau und Fähre. ❍

Villány

Man fährt nun 40 km zurück nach Pécs oder weiter nach Süden, etwa ins deutschstämmige Nagynyárád (s. u.) und von dort nach **Villány,** wo einer der besten Rotweine Ungarns wächst.

Als rote Rebsorte wird hier in erster Linie *kékfrankos* (Blaufränkischer) angebaut, dessen Wein unter dem Namen Villányer Burgunder berühmt ist. Bei den Weißweinen sind *olaszrízling* (Welschriesling) und *hárslevelű* (Lindenblättriger) am bekanntesten und beliebtesten.

5 Karte Seite 74

Interessierten kann das **Weinmuseum** empfohlen werden. Villány, Bem utca 8. Tel. 72/492-130. Tgl. außer Mo 8–17 Uhr.

120 Holzpfähle erinnern an die bei Mohács gefallenen Ungarn

Imposant in dieser Gegend sind die Dörfer mit den in die Hügel eingelassenen Kelterhäusern. Im Jahre 1997 wurde die 25 km lange Weinstraße von Villány nach Siklós ausgewiesen.

Gere Panzió, Diófás tér 4, Tel./Fax 72/492-195. 8 Zimmer bei ausgezeichnetem Winzer. ❍❍

Fülemüle Csárda, Külterület, Tel. 72/492-939. Tgl. 11–23 Uhr. Hier bietet man einfache, aber gute ungarische Küche. ❍

Nagynyárád – ein deutschstämmiges Dorf

Eigentlich hat das Dörfchen Nagynyárád in einem Reiseführer nichts verloren. 920 Einwohner, plattes Land, vielleicht neun Straßen. Irgendwann im 11. Jh. wurde es gegründet, später haben es seine Einwohner aus Furcht vor den Türken verlassen. Doch schon 1686 wurde es wieder besiedelt, deutsche Einwanderer ließen sich in dem verlassenen Dorf nieder. Und es kamen immer mehr, aus Schwaben und aus der Gegend um Fulda. 1757 zählte die Gemeinde 828 Seelen, im Jahre 1830 bereits 1238. Man sprach deutsch – und tut es noch heute. Obwohl die deutsche Sprache nach dem Krieg nicht gern gehört wurde, hat sie sich hier gehalten. Sie haben ihren eigenen Dialekt entwickelt, die Leute in Nagynyárád, einen, der sonst nirgendwo gesprochen wird, er klingt ziemlich altertümlich.

Tour 6

Unberührtes Gebirgsland

Budapest → Gödöllő → Hatvan → Gyöngyös → *Mátra-Gebirge → Salgótarján → Eger

Diese Tour (etwa 210 km) führt durch das herrliche Ski- und Wandergebiet des Mátra-Gebirges bis hinauf zum nördlichsten Rand Ungarns an der Grenze zur Slowakei. Diese Region ist touristisch wenig erschlossen, es gibt kaum Gaststätten und kaum Hotels, dafür aber eine urwüchsige, fast unberührte Natur. Man kann die Tour in einem Tag durchfahren oder auch übernachten und eine kleine Wanderung unternehmen.

10 *Schloss Gödöllő

Von Budapest nordostwärts sind es (auf der Autobahn oder auf der parallel verlaufenden Landstraße) durch eine eintönige Landschaft etwa 30 km bis **Gödöllő** ㉛ (30 000 Einw.). In dem Ort mit barocker Bausubstanz hielt sich die von den Ungarn verehrte Kaiserin Sisi am liebsten auf. Ihre Sommerresidenz ***Schloss Gödöllő** wurde 1744–1748 von Andreas Mayerhoffer erbaut und ist heute Museum und Station der Sisi-Straße.

Um 1902 bildete sich nach dem Vorbild der englischen Arts-and-Crafts-Bewegung in Gödöllő eine Künstlerkolonie um den Maler Aladár Körösfői-Kriesch. Als kreative Kommune widmete sich der Kreis der Natur und setzte sich mit der Kunst des Jugendstils auseinander.

Schloss Gödöllő war die Sommerresidenz der Kaiserin Sisi

Aszod und Hatvan

Auch im ca. 15 km entfernten **Aszód** steht ein Barockschloss. Baron Podmaniczky ließ es im Jahre 1730 bauen, 40 Jahre später hat es Graf Széchenyi um zwei Seitenflügel erweitert.

Das gut erhaltene Schloss Grassalkovich in **Hatvan** ㉜ (16 km) wurde 1754 bis 1763 ebenfalls von Andreas Mayerhoffer entworfen.

6 Karte Seite 84

Im *Mátra-Gebirge

Bei **Gyöngyös** ㉝ führt die Tour nach Norden ins Mátra-Gebirge, einem bis zu 1015 m hohen Abschnitt des Nordungarischen Mittelgebirges, Ziel für Kurzurlauber aus Budapest.

Mit über 37 000 Exemplaren besitzt das Mátra-Museum in Gyöngyös die größte **Eiersammlung** der Welt (bis 2007 wegen Renovierung geschl.; www.matramuzeum.hu).

Im Winter kann man hier Ski fahren, im Sommer auf fast 500 km Wegen wandern. Umgeben von Wäldern liegt der Luftkurort **Mátrafüred.**

Camping: Mátra Camping Sástó, Farkas u. 4, Tel. 37/374-025, E-Mail: sasto@elpak.hu. Ganzjährig. Sehr schön gelegener Platz, Kapazität etwa 500 Personen.

Etwa 9 km sind es noch bis nach **Mátraháza,** einem Kur-und Wintersportort in 750 m Höhe.

Pagoda Hotel, Tel. 37/374-013, Fax 37/374-022. Das Personal ist freundlich, die 25 Zimmer sind geräumig und bieten eine schöne Aussicht. Sehr empfehlenswertes Restaurant (tgl. 11–20 Uhr). ❍❍

Zum Gipfel des höchsten Berges, auf den 1015 m hohen **Kékes,** sind es etwa 2 km. Die Tour führt über den zweithöchsten Berg, den Galya-tető.

Von Salgótarján bis Parád

Über 27 km führt der Weg ins Zagyvatal am westlichen Rand des Mátra-Gebirges entlang nach Pásztó und von dort nordwärts bis **Salgótarján** ㉞, einer Bergbaustadt mit 50 000 Einwohnern. Sehenswert ist das Bergbaumuseum in der Bajcsy-Zsilinszky utca. Parallel zur slowakischen Grenze geht es durch Dörfer mit der Atmosphäre vergangener Zeiten (wenn man in Cered gegenüber dem Espresso rechts abfährt, kommt man nach 2 km zu einem Badesee).

Der nächste größere Ort ist nach 40 km **Pétervására** mit dem gut erhaltenen barocken Schloss Keglevich im Westen außerhalb des Städtchens.

Arany Kakas Fogadó, Szent Márton utca 4, Pétervására, Tel./Fax 36/568-070. Neueres Hotel, Restaurant, Bar, empfehlenswert. ❍

13 km weiter kommt man nach **Sirok** mit einer Burgruine aus dem 11. Jh. auf einem 300 m hohen Bergkamm.

Etwa 15 Minuten vom Ort entfernt liegt der **Nyirjes-See,** ein Naturschutzgebiet mit vielen seltenen Pflanzen.

Einen Abstecher von etwa 12 km von Sirok auf der Straße Nr. 24 nach Westen ist der Ort **Parád** ㉟ wert. Das berühmte Heilbad besitzt ein denkmalgeschütztes Badehaus.

Parádi Kisvendéglö, 3240 Parád, Kossuth u. 234, Tel. 36/364-831. Kleines, aber sehr feines Gästehaus mit Restaurant (Mi–So 12–21 Uhr). Gekocht wird nach alten Rezepten der Palozen. ❍❍

6 Karte Seite 84

Tour 7

Tropfsteinhöhlen und Dessertwein

Eger → *Bükk-Gebirge → *Baradla-Höhlen → *Miskolc → Tokaj → Nyíregyháza → Debrecen

Diese Tour führt von Eger durch das romantische Bükk-Gebirge zur slowakischen Grenze in eine abgelegene Karst- und Waldlandschaft. Was man von einer grauen Industriestadt nicht unbedingt erwartet: Auch Miskolc hat einiges zu bieten. Danach besucht man das historische Sárospatak, den berühmten Weinbauort Tokaj und fährt langsam in die beginnende Große Ungarische Tiefebene hinein – nach Nyíregyháza und Debrecen, wo die klassische, für Ungarn so typische Puszta beginnt. Die Tour ist etwa 300 km lang.

Durch das *Bükk-Gebirge

Von Eger (s. S. 46) kann man auf der Landstraße 25 (bis zur Abzweigung hinter Szarvaskő) nach Norden etwa 25 km bis Szilvásvárad fahren oder auf einer Schlängelstrecke durchs Bükk-Gebirge, die landschaftlich schön ist, aber einen beschwerlichen Umweg von gut 50 km bedeutet. Das ***Bükk-Gebirge** ist die nordöstliche Fortsetzung des Mátra-Gebirges, sein höchster Gipfel ist Pes-kő mit 960 m.

17 km nördlich von Eger steht bei **Bélapátfalva** ㉟ in einem Wiesengelände Ungarns einzige erhaltene *romanische Abteikirche. Der mächtige schlichte Bau wurde von Zisterziensern vom 13. bis 15. Jh. errichtet.

Das 20 km lange Plateau des Mátra-Massivs ist Nationalpark. Ausgangspunkt für Touren ins Gebirge ist das schön gelegene **Szilvásvárad** mit dem weltberühmten Lipizzaner-Gestüt (s. S. 8) und zahlreichen Touristenrestaurants. Von dort lohnt ein Besuch des Schleier-Wasserfalls des Szalajka-Baches – eine erholsame Wanderung durch das Naturschutzgebiet mit Freiland-Forstmuseum und Forellenzucht. Im Fischrestaurant kommen die Tiere frisch zubereitet auf den Tisch.

Inmitten des Bükk-Gebirges erhebt sich wie ein Märchenpalast in einem Park das **Palota Hotel** mit Blick auf den Hámori-See. Erzsébet sétány 1, Tel. 46/331-411, Fax 379-273, www.hunguesthotels.hu. ○○○

Von Szilvásvárad sind es über Pútnok etwa 70 km bis Aggtelek an der slowakischen Grenze und einem etwas abgelegenen, doch lohnenden Naturdenkmal, den ***Baradla-Höhlen** im Aggtelek-Nationalpark. Dieses Tropfsteinhöhlensystem mit riesigen Sälen und Seen ist eines der größten und schönsten Europas. Die Haupthöhle ist 22 km lang (s. S. 10).

Vom Eingang Aggtelek aus werden mehrstündige Abenteuertouren mit Taschenlampe veranstaltet, von Jósvafő und Vörös-tó ein- bis zweistündige Wanderungen durch das faszinierende Höhlensystem.

Hotel Cseppkő, Aggtelek, Gyömrői út 1, Tel. 48/343-075, Fax 48/343-026. Ruhig gelegenes Hotel im Stil der 1970er-Jahre nahe dem Haupteingang zur Höhle. 70 Zi. ○

▮ **Tengerszem Hotel,** Jósvafő, Tengerszem oldal 2, Tel. 48/506-005, Fax 48/506-001. Gepflegtes Hotel und Restaurant nahe einem zweiten Höh-

7 Karte Seite 84

leneingang im 6 km entfernten Jósvafő; 16 Zimmer. ❍

▌ **Baradla Turista szálló,** Aggtelek, Baradla oldal 1, Tel./Fax 48/503-005. Einfaches Hotel direkt am Höhleneingang, 11 Zimmer. Angeschlossener **Campingplatz** (15. 4.–15. 10.) mit Platz für 200 Personen, 30 Holzhäuschen. ❍

Durch das Karstgebiet des weit abgelegenen **Aggtelek-Nationalparks** geht es parallel zur slowakischen Grenze nach Osten, dann Richtung Süden. Nach 21 km liegt östlich des Ortes Szalonna ein großer Badesee.

*Miskolc ㊲

Nach 50 km erreicht man Miskolc, mit rund 210 000 Einwohnern die drittgrößte Stadt Ungarns. Wegen der zahlreichen Industriebetriebe hat sie den Ruf, trist, grau und hässlich zu sein; die meisten Ungarn schlagen die Hände über dem Kopf zusammen, wenn sie »Miskolc« hören. In Wahrheit hat die Stadt am Ostrand des Bükk-Gebirges einen hübschen barocken Kern. Außerdem wurde hier nicht wild drauflos »modernisiert«, sondern behutsam die historische Bausubstanz restauriert und so eine freundliche City geschaffen. Auch weist Miskolc eine bemerkenswerte Zahl guter Restaurants auf, deren Niveau deutlich über dem vieler anderer ungarischer Städte liegt.

7 Karte Seite 84

Miskolc entwickelte sich im Mittelalter unter dem Schutzschild der Burg Diósgyőr zu einer wohlhabenden Stadt. Doch sie wurde 1544 von den Türken gebrandschatzt, nach der Rákóczi-Erhebung 1706 von den Habsburgern ein zweites Mal. Ab dem 19. Jh. wurde sie wegen der Eisenerzvorkommen im Bükk-Gebirge zum Industriezentrum.

Die Sehenswürdigkeiten

Die Sehenswürdigkeiten der Stadt liegen in der Nähe der Fußgängerzone Széchenyi utca. Das klassizistische **Nationaltheater** wurde 1843 gebaut, nachdem das alte Barocktheater abgebrannt war.

Das ehemalige **Komitatshaus** am Városház tér, ein frühbarocker Bau von 1727, bekam zwischen 1809 und 1836 sein klassizistisches Aussehen. Als eines der bedeutendsten Museen außerhalb Budapests gilt das ebenfalls barocke **Ottó-Herman-Museum** an dem hübschen Szabadság tér mit einer Gemäldesammlung und Exponaten zur Früh- und Stadtgeschichte. Auf dem im Stadtgebiet hochragenden Avas-Berg erhebt sich die gotische **Reformierte Kirche** mit ihrem frei stehenden Glockenturm; der Kern der Kirche stammt aus dem 13. Jh.

5 km südlich der Innenstadt liegt **Miskolc-Tapolca,** ein berühmtes Heilbad mit schwach radioaktiven Quellen und einem einzigartigen Thermalbad in einer natürlichen Grotte. 6 km westlich thront am Fuße des Bükk-Gebirges die **Burg Diósgyőr,** die in ihren Ursprüngen aus dem 9./10. Jh. stammt. Sie war im 14. und 15. Jh. Lieblingsaufenthaltsort der ungarischen Könige. 1678 wurde sie von den Habsburgern gesprengt. Reizvoll ist der Besuch des **Burgbades** mit Schwimmbecken in Felsenhöhlen.

i **Tourinform,** Városház tér 13, 3530 Miskolc, Tel. 46/350-425, Fax 350-439, www.miskolc.hu.

Lévay Villa Panzió, Lévay u. 13, Tel. 46/500-890, Fax: 46/500-891. www.hotels.hu/levayvilla. Modernes Wellnesshotel mit bestem Komfort. ❍❍❍

▌ **Diana Panzió,** 3519 Miskolc-Tapolca, Fenyő út 17–19, Tel. 46/360-774,

Thermalbaden in einer Grotte: Miskolc-Tapolca

Die Renaissanceburg Rákóczi in Szerencs stammt aus dem 16. Jh.

Fax 46/360-774, www.hotels.hu/diana. Große Pension, 76 Zimmer, herzliche Atmosphäre. ❍❍

▮ **Hotel Pannónia,** Kossuth utca 2, Tel. 46/504-980, Fax 46/504-984, www.hotelpannonia-miskolc.hu. Mittelklassehotel in der Innenstadt, 34 Zimmer und 7 Appartements. ❍

Camping: Eden Camping, Miskolc-Tapolca, Károlyi Mihály utca 1, Tel./Fax 46/368-917. Herrlich gelegen im Wald; auch Ferienhäuschen verfügbar (15.4.–15.10.).

Calypso Kisvendéglő, Városház tér 7, Tel. 46/354-616; tgl. 9–23 Uhr. Im Herzen von Miskolc am Rathausplatz gelegen. Im Sommer kann man auch draußen sitzen. ❍❍

▮ **Tiszavirág Kisvendéglő,** Rácz Ádám utca 31, Tel. 46/331-549; tgl. 11–24 Uhr. Das Restaurant führt eine eigene Karte für Wildhasengerichte, eine Taubenkarte, eine Karpfenkarte usw. Pfiffige Vorspeisen, z. B. Taubensuppe oder Palatschinken mit Fischfarce. Nicht einfach zu finden, aber die Mühe lohnt sich. ❍❍

▮ **Kispipa Halászcsárda,** Rákóczi út 4, Tel. 346-911; tgl. 10–23 Uhr. Winziges Fischrestaurant in der Innenstadt, exzellente Gerichte. In der Fischsuppe z. B. finden sich Wels, Karpfen oder Zander. ❍❍

Szerencs 38

Von Miskolc sind es 40 km bis zum Städtchen Szerencs (10 000 Einw.) am Fuß des Zempliner Hügellandes. Im alten Ungarn kannte man die Kleinstadt als festen Sitz der Rákóczi. Die **Burg Rákóczi** wurde im 16. Jh. auf den Fundamenten einer Benediktinerabtei (13. Jh.) errichtet. Hier wurden István Bocskai (1605), ein Führer der Unabhängigkeitsbewegung, und Zsigmond Rákóczi (1607) zu Fürsten von Siebenbürgen gewählt. Die Burg beherbergt ein hübsches Hotel. Auch die Reformierte Kirche erinnert an die Rákóczi. Die Zucker- und Schokoladenfabrik der Stadt ist bekannt.

Im **Zuckermuseum** von Szerencs sind 800 Zuckerproben aus 50 Ländern zu besichtigen (Gyár utca 1, tgl. außer Mo 9–17 Uhr).

Burghotel Huszárvár, Huszárvár u. 11, Tel. 47/563-050, Fax 362-518, www.hotels.hu/huszarvar. Modern eingerichtetes Hotel. 22 Zimmer in alten Gemäuern der Burg. ❍

Söröző, im selben Haus wie das Burghotel; tgl. 10–24 Uhr. Einfache Gaststätte im Burghof. Zuverlässig gute ungarische Küche. ❍

7 Karte Seite 84

Abstecher nach Sárospatak 39

Auf der Landstraße 37 geht es nach Nordosten, am Weinbaugebiet Hegyalja entlang nach Sárospatak (40 km). Das Städtchen am Bodrog-Ufer gilt durch das **Reformierte Kollegium** (gegr. 1531) als Schulstadt; hier unterrichtete der Humanist Johannes Comenius (1592–1670). Die Bibliothek bewahrt kostbare Folianten. Neben dem Schulpark steht die **Burg** aus dem 15. Jh. und das 1540–1563 erbaute **Renaissance-Burgschloss** mit dem Wohnturm. 1711 ging der Besitz an die Familie Rákóczi; es war Zentrum des Rákóczi-Freiheitskampfes.

11 Weinbaugebiet Tokaj 40

Auf der Straße 37 geht die Fahrt zurück bis zur Abzweigung nach Tokaj (ca. 25 km), in den Ursprungsort des weltberühmten Weins (s. S. 83) am Fuße des gleichnamigen Berges. Seit 2002 ist das Weinbaugebiet UNESCO-Weltkulturerbe. Das hübsche Städtchen ist eine Touristenattraktion mit entsprechender Infrastruktur.

Sehenswert sind die Häuschen in der Innenstadt. Das barocke Rákóczi-Schloss (Bajcsy-Zsiliszky út 15), eines der größten Gebäude, wurde Anfang des 18. Jhs. gebaut. Den 1,5 km langen **Rákóczi-Weinkeller** kann man im Rahmen einer Weinprobe besichtigen.

Auf den vulkanischen, 516 m hohen Berg führen viele schöne Wege. Seit 250 Jahren wird hier Wein angebaut.

7 Karte Seite 84

Tourinform, Serház u. 1, 3910 Tokaj, Tel. 47/352-070, Fax 47/352-259. www.tokaj.hu.

Hotel Tokaj, Rákóczi utca 5, Tel./Fax 47/352-344, www.hoteltokaj.hu. Neubau mit 42 Zimmern, behaglich, schöne Lage in der Innenstadt. Nur während der Saison April–Okt. geöffnet. ❍❍

▮ **Panzió Novák,** Tarcali út 62, Tel./Fax 47/352-961. Ruhige Pension, etwas außerhalb der Innenstadt, sechs geräumige Zimmer. ❍

Die Trauben für den feurigen Tokajer werden spät geerntet

Tokaj, Rákóczi utca 5, Tel. 47/352-344; April–Okt. tgl. 11–22 Uhr. Schönes altes Restaurant, in dem man auf einer großen Terrasse die gute Küche erst richtig zu genießen beginnt. ❍❍

▮ **Degenfeld Étterem,** Kossuth tér 1, Tel. 47/553-050; tgl 11.30–22 Uhr. Ausgezeichnete Küche und gute Weine. ❍❍

▮ **Róna Étterem,** Bethlen Gábor u. 19, Tel. 47/352-116; tgl. 11–23 Uhr. ❍❍

▮ **Sárga Borház Csárda,** in Mezőzombor, Landstraße 38, 6 km nordwestlich von Tokaj, Tel. 47/361-361; tgl. 10–22 Uhr. Neues Restaurant in einem ehemals gräflichen Kurienhaus aus dem 18. Jh. Hier pflegt man eine niveauvolle ungarische Küche und eine Weinkarte erlesenster Qualität. ❍❍

▮ Auch die zahlreichen Weinstuben servieren gutes Essen.

Der »König der Weine« – ein Weltkulturerbe

»Vinum regum, rex vinorum«, so bezeichnete der französische Sonnenkönig Ludwig XIV. den Tokajer: Wein der Könige, König der Weine. Er hatte recht, der Tokajer war jahrhundertelang der edelste der Weine. Schon im Mittelalter ließ man die Trauben hängen, bis die Beeren schrumpften und Edelfäule angesetzt hatten. Kelterte man sie und ließ sie vergären, so entstand ein schwerer, süßer Wein.

Der Tokajer heißt eigentlich Tokaji aszú (*aszú* bedeutet »getrocknet«, wird aber meist mit »Ausbruch« übersetzt). Die Herstellung erfolgt traditionell in diesen Schritten: Die edelfaulen Trockenbeeren der Rebsorte Furmint werden einzeln ausgelesen, in Bottiche geschüttet, mit jungem Wein aufgegossen und nach einer Ruhezeit schwach gepresst (die Kerne dürfen nicht zerdrückt werden). Der in Fässer gefüllte Most kommt zur Lagerung in Tuff-Felsenkeller. Je nach Anzahl der Butten *(puttony)* mit Trockenbeerenmasse auf ein Fass (136 l) Grundwein unterscheidet man 2- bis 6-buttigen Aszú. Der Wein muss vier Jahre lagern, je länger, desto besser; die Fässer dürfen aber nicht ganz voll sein, da Tokajer Sauerstoff zum Oxidieren braucht.

Tokaj wurde als »Gebiet des Weltkulturerbes« wegen der Erhaltung und Pflege der Traditionen, die mit der Trauben- und Weinkultur verbunden sind, anerkannt. Hier fand man auch den Abdruck eines Blattes des Urweinstocks aus dem Miozän, des gemeinsamen Vorfahren aller heutigen Rebsorten – ein Beweis, dass der Weinstock schon seit Urzeiten in Tokaj verwurzelt ist.

Zu verdanken ist dies ganz sicher den einzigartigen Naturbedingungen: optimale Beschaffenheit der vulkanischen Böden, günstige Lage der Berghänge, hohe Sonneneinstrahlung und eine lange Spätherbstphase, dazu der schützende Herbstnebel, der von den Flüssen Bodrog und Theiß aufsteigt. Die Eichen für die Fässer wachsen ebenfalls vor Ort und ein besonderer Schimmelpilz an den Wänden der Keller begünstigt den Reifeprozess der hier lagernden Weine. Der Tokajer wurde lange Zeit als Heilmittel angesehen.

Das Weinanbaugebiet von Tokaj-Hegyalja umfasst insgesamt 27 Siedlungen. Die bedeutendsten Weinbauorte sind außer Tokaj Bodrogkeresztúr, Bodrogkisfalud, Mád, Mezőzombor, Rátka, Szegi, Tarcal und Tállya. Ausgezeichnete Kellereien sind Ungvári in Sátoraljaújhely, der Rákóczi-Keller in Sárospatak, Kőporosi und Gomboshegyi in Hercegkút, der Oremus-Keller in Tolcsva und der Keller des Tokajer Weinmuseums. An der Weinstraße liegen außerdem viele kleine Familienbetriebe.

Weinfeste werden in Tokaj in der letzten Maiwoche, in Tarcal am letzten Juliwochenende veranstaltet.

Weitere Informationen über den Tokajer unter www.tokaj.com und www.tokaji.hu.

7 Karte Seite 84

Nyíregyháza ⓸⓵

Von Tokaj fährt man 32 km durch eines der größten Obstanbaugebiete Ungarns in eine Stadt, die sich ähnlich wie Miskolc nach der Wende zum Positiven verändert hat.

Nyíregyházas kleine Innenstadt wurde seither stilvoll verschönert. Blumengeschmückte Plätze und gepflegte Parkanlagen laden zu Spaziergängen ein. Viele der 120 000 Einwohner leben in eingemeindeten Gehöften im Umkreis der weitläufigen Stadt, das Zentrum selbst ist relativ klein.

Die wenigen historischen Gebäude hat man sehr schön restauriert, unter anderem auch das **Komitatshaus,** das **Theater** sowie das **Hotel Korona.** Diese Gebäude im eklektizistischen Stil wurden Ende des 19. Jhs. nach Plänen des ungarischen Architekten Ignác Alpár erbaut.

Bis Debrecen sind es noch 50 km.

Tourinform, Országzászló tér 6, 4400 Nyíregyháza, Tel./Fax 42/504-647, E-Mail: szabolcs-m@tourinform.hu.

Hotel Korona, Dózsa Gy. utca 1, Tel. 42/409-300, Fax 42/409-339, www.hotels.hu/korona_nyiregyhaza. Denkmalgeschütztes, prächtig restauriertes Hotel mit Kasino. Gute Küche. ❍❍

Nyíri Fészek, Rákóczi utca 6, Tel. 310-916; Mo–Fr 6–22 Uhr, Sa, So 6–20 Uhr. Großes Lokal mit deftiger Kost. ❍

▮ **Krúdy Vigadó Étterme,** Sóstoi u. 75, Tel. 42/594-100; tgl. 12–24 Uhr. Am Badesee und Freizeitzentrum Sóstófürdő, ca. 4 km stadtauswärts. Ausgezeichnetes Restaurant und Café in einem 1911 erbauten Lustspielhaus. ❍❍

7 Karte Seite 84

Aggtelek-Nationalpark
Szalonna
Abaúj-devecser
Sárospatak
Edelény
Putnok
Hajnáčka
Ózd
Kazincbarcika
ZEMPLÉNI-HG.
Bánhorváti
Sajó-szentpéter
Szikszó
Szerencs
Borsod-nádasd
Bálvány 956
Miskolc
Tokaj
Rakamaz
Nagy-halász
Cered
Diósgyőr
Szilvásvárad
960
Bélapátfalva
Pes-kő
Bükkszent-lászló
Pétervására
B Ü K K
Tiszavasvári
átonyterenye
Felsőtárkány
Emőd
Nyíregyháza
Parad
Sirok
Tisza-újváros
Polgár
Tarna-szentmária
Eger (Erlau)
Hajdúnánás
Kékes 1015
Mátrafüred
Mezőkövesd
Mezőcsát
Újfehértó
Gyöngyös
Hajdú-hadház
Kál
Füzesabony
Tiszacsege
Hajdú-böszörmény
ászárokszállás
Tiszafüred
Balmazújváros
Heves
Kömlő
Hortobágy
Debrecen (Debrezin)
Tisza
Jászapáti
Hortobágy-Nationalpark
Hajdúszoboszló
Jászberény
Kunmadaras
Nádudvar
Jászladány
Kunhegyes
Püspökladány
ápiószele
Kőtelek
Derecske
Karcag
Berettyóújfalu
Törökszent-miklós
Abony
Szolnok
Kisújszállás
gléd
Túrkeve
Füzesgyarmat
Szeghalom
Komádi
gykőrös
Tiszabög
Mezőtúr
Körös
Gyomaendrőd
szakécske
Tiszaföldvár
Vésztő
Okány
Szarvas
Kunszent-márton
Mezőberény
Békés
Kondoros
Kiskun-félegyháza
Csongrád
Sarkad
Nagyszénás
Békéscsaba
Szentes
Gyula
Nagymágocs
Chişineu-Criş
Orosháza
Elek
Kistelek
Tótkomlós
Mezőkovácsháza
Hódmező-vásárhely
RUMÄNIEN
Balástya
Battonya
Földeák
Mezőhegyes
TOUREN 6-10
Szeged
Kiskun-dorozsma
Maros
Makó
0
20 km
N

7

Tour 8

Puszta-Romantik

Debrecen → *Hortobágyer Puszta → Tiszafüred → Karcag → Szolnok → **Kecskemét

Die klassische Puszta-Tour! Stundenlang geht es über plattes Land, durch riesige Felder mit Monokulturen, aber auch durch naturgeschützte Gebiete wie die Gegend um Hortobágy. Die viel besungene Puszta ist auch der Ort, wo manche Klischees der ungarischen Folklore noch hochgehalten werden. Wenn heute irgendwo Reitvorführungen der wilden Pferdehirten, der Csikós, gezeigt werden, so sind dies rein touristische Veranstaltungen. Auch die farbenfrohen Trachten werden fast nur noch aus diesem Anlass getragen. Dennoch ist die Puszta eine Reise wert. Außer der Steppe gehören zu diesem Ausflug reizvolle Dörfer und Städte wie Tiszafüred an der Theiß oder die Jugendstilstadt Kecskemét. Die Tour ist etwa 260 km lang und gut an einem Tag zu bewältigen.

12 *Hortobágyer Puszta

Von Debrecen (s. S. 43) geht es aufs flache Land in westlicher Richtung. Nach 25 km kommt man in die Hortobágyer Puszta, ein 63 000 ha großes Naturschutzgebiet, 1973 als erster **Nationalpark** Ungarns ausgewiesen.

Das Gebiet war im Mittelalter dicht besiedelt; es gab hier 52 Gemeinden. Die Entvölkerung kam mit dem Mongoleneinfall und während der Türkenherrschaft. Das Land wurde zum Weidegebiet. Die Zucht von Graurindern, Pferden und Schafen spielte hier eine wichtige Rolle – die Tiere ließen sich auf den Märkten in Debrecen und anderswo gut verkaufen. Die Puszta war Überschwemmungsgebiet der Tisza und des Flusses Hortobágy – das garantierte fruchtbares Weideland. Als die Tisza um 1840 reguliert wurde, verödete die Puszta. Man versucht jetzt, durch den Bau von Kanälen das Land wieder gezielter zu bewässern.

Die Hortobágyer Puszta ist Lebensraum für viele seltene Pflanzen und Tiere, z. B. 250 Vogelarten, darunter Raritäten wie Großtrappen, Löffler oder Weißbartseeschwalben. Besonders geschützte Gebiete darf man nur zu bestimmten Zeiten betreten (Hortobágy Nationalpark: www.hnp.hu).

*Hortobágy 42

Das Dorf Hortobágy 41 km westlich von Debrecen ist berühmt durch die ***Neun-Bogen-Brücke,** mit 167 m die längste Steinbrücke Ungarns, die in den Jahren 1827–1833 erbaut wurde. Am 20. August findet hier der große Brückenmarkt statt.

In der Csárda gleich bei der Brücke zeigt das **Hirtenmuseum** Exponate zur Geschichte der Region.

Hortóbágy Fogadó, Kossuth u. 1, Tel. 52/369-137. Nette kleine Pension mit 7 Zimmern. ❍

Trófea Jägerhof, H-4181 Nádudvar, Hajdúszoboszlói útfél, Tel. 54/525-535, Fax 54/480-704, E-Mail: trofea@nagisz.hu. Eine architektonisch interessante Pension auf dem Land, 30 km südlich von Hortobágy. Die 6 Zimmer und Apartments sind groß und stilvoll eingerichtet. ❍❍

Auf der Weiterfahrt sollte man die umliegenden Dörfer besuchen, um einen

8 Karte Seite 84

Rinderhirte mit Graurindern, deren Bestände in Ungarn wieder gepflegt werden

Eindruck von der Atmosphäre und dem Leben in der Puszta zu bekommen.

Tiszafüred ㊸

Nach 34 km erreicht man Tiszafüred, ein aus mehreren Ortschaften entstandenes Städtchen an einem Theißübergang. Es lebt von Kurzurlaubern, die im Thermalbad oder im Tisza-tó baden und sich beim Wassersport erholen. Auch Tiszafüred selbst strahlt eine angenehme Atmosphäre aus. Einen Besuch lohnt das **Nyúzó-Gábor-Töpferhaus** (Malom u. 12, Mai–Sept. Di–So 9–12, 14–17 Uhr). Das kleine Museum dokumentiert Leben und Arbeit einer lokalen Töpferfamilie im 19. Jh.

Tourinform, Fürdö út 21, 5350 Tiszafüred, Tel./Fax 59/511-124, tiszafured@tourinform.hu.

Aurum Vendéghdz, Ady Endre utca 29, Tel. 59/351-338. Neu erbaute, ruhige Pension mit fünf großen Zimmern. ❍

Patkós Csárda, Landstraße 33, ca. 8 km östlich von Tiszafüred,

Graurind, Zackelschaf und Wollschwein

In den 1970er Jahren galt es als fast ausgestorben, heute bevölkern wieder über 2000 Exemplare die Puszta: Das ungarische Graurind mit seinem Gabelgehörn machte Mitte des 19. Jhs. über 90 % des Viehbestands aus. Mit der Verödung der Puszta verschwand es fast von der Bildfläche. Nun erkennt man wieder, wie wertvoll das genügsame und robuste Tier ist. Auch das zottelige Zackelschaf und das ungarische Wollschwein mit dem buschigen Fell galten lange Zeit als nicht zu vermarkten – im Zuge des Biobooms, der auch Ungarn erfasst hat, ist das Züchten dieser Tiere wieder modern – sehr zur Freude der Puszta-Bauern und der Gourmets in den ungarischen Edelrestaurants, die das schmackhafte Fleisch schätzen.

8 Karte Seite 84

Die Neun-Bogen-Brücke in der Hortobágyer Puszta

Tel. 52/579-046. Großer, schilfgedeckter Gasthof; schmackhafte ungarische Küche (tgl. 8–23 Uhr).
16 Zimmer in kleinen Häuschen. Kleiner Campingplatz, ideal für eine Übernachtung auf der Durchreise. ❍

▮ **Molnár Vendéglő,** Húszöles u. 31/b, Tel. 59/352-854; tgl. 11–23 Uhr. Feine Speisekarte, gute lokale Weine. ❍❍

▮ **Nemzeti Étterem,** Fő u. 8, Tel. 59/352-349; tgl. 11–14, 18.30–23 Uhr. Spezialisiert auf Wildgerichte. ❍❍

Karcag ㊹

Man fährt nun 40 km nach Süden über Felder und durch Dörfer bis Karcag, einer Kleinstadt im Gebiet Nagykunság. Das **Györffy-István-Nagykun-Museum** ist der Geschichte der Kumanen gewidmet, einer nomadischen Völkergruppe aus Südrussland, die sich im 13. Jh. hier ansiedelte.

Szolnok ㊺

Als Industrie- und Handelszentrum an der Mündung der Zagyva in die Tisza war Szolnok (80 000 Einw.) oft umkämpft und wurde wiederholt zerstört, zuletzt im Zweiten Weltkrieg. Außer der barocken **Franziskanerkirche** und dem **Kloster** nebenan ist allein die bewegte Vergangenheit der Stadt erwähnenswert. Unter Römern und Árpáden hatte der Ort als Salzhandelsplatz große Bedeutung. Die Stadt entwickelte sich um eine Erdburg aus der Zeit vor der Landnahme. König Ferdinand I., der erste Habsburger, ließ 1550 eine feste Burg errichten; es waren Habsburger, die diese während der Rákóczi-Erhebung von 1709 auch wieder zerstörten.

Dokumentiert sind diese Ereignisse im **Damjanich-Museum** am Kossuth tér 4 im ehemaligen klassizistischen Hotel »Magyar Király« (König von Ungarn). Es zeigt Werke der 1901 gegründeten Szolnoker Künstlerkolonie, auch im Jugendstilbau der ehemaligen **Synagoge** (Koltói Anna utca) sind ihre Bilder zu sehen. Die Marzipan-Konditorei in der József Attila utca 110 ködert Leckermäuler.

i **Tourinform,**
Ságvári krt. 4, 5000 Szolnok,
Tel. 56/420-704, Fax 56/341-441,
E-Mail: szolnok-m@tourinform.hu,
www.szolnok.hu.

Das Tal der Tisza

Nun kann man auf beiden Seiten der sich romantisch durch das Tal schlängelnden Tisza nach Süden fahren. Steht man am Ufer, so versteht man, warum der Fluss seit Jahrhunderten die »blonde« Theiß genannt wird. Das langsam fließende Wasser wird durch die mitgeführten feinen Sandkörnchen goldgelb gefärbt. Die Ablagerungen schufen natürliche, schöne Strandgebiete. Es gibt nur wenige Brücken, aber viele Fähren. An elf Stellen kann man sogar wie anno dazumal mit dem Boot übersetzen. Der Schiffsverkehr ist sehr gering, auch deshalb ist die Theiß ein Paradies für Bootswanderer.

8
Karte Seite 84

Das von Ödön Lechner erbaute Rathaus in Kecskemét

**Kecskemét 46

Die mit ca. 110 000 Einwohnern neuntgrößte Stadt des Landes, 80 km von Szolnok entfernt, ist ein Zentrum des Obstanbaus und berühmt für den *barack pálinka,* den köstlichen Aprikosenbrand. Kecskeméts Innenstadt wirkt etwas provinziell, doch besitzt die Stadt gerade deswegen und infolge einer Vielzahl schöner Jugendstilbauten Charme und Atmosphäre.

Urkundlich erwähnt wird Kecskemét erstmals 1368. Die durch Gräben geschützte Stadt genoss während der Türkenbesetzung Sonderrechte, da sie zum »Khas« erklärt wurde und damit direkt dem Pascha unterstand. In den folgenden Jahrhunderten brachte es die Bevölkerung durch die Vermarktung von Vieh und landwirtschaftlichen Produkten, durch die Kürschnerei und Stiefelherstellung zu großem Wohlstand.

Zentrum von Kecskemét ist der weitläufige Szabadság tér mit den benachbarten Kossuth tér und Széchenyi tér. Das ****Rathaus** mit dem Glockenspiel ist ein Musterbeispiel ungarischen Jugendstils. Sehenswert ist ferner das Innere mit dem getäfelten Sitzungssaal.

Als Juwel des Jugendstils erweist sich auch der mit Zsolnay-Keramik geschmückte ****Cifra Palast** am Szabadság tér, ein mit Ornamenten reich versehenes Zuckergussgebäude des Lechner-Zöglings Géza Márkus von 1902. Es beherbergt jetzt ein Museum moderner Kunst.

Die ehemalige Synagoge gegenüber dem Palast von 1871 wurde 1973 originalgetreu restauriert. Sehenswert ist auch das Katona-József-Theater südlich des Kossuth-Platzes, ein prächtig renovierter Helmer-und-Fellner-Bau von 1896.

i **Tourinform,** Kossuth tér 1, 6000 Kecskemét, Tel. 76/481-065, Fax 76/481-065, www.kecskemet.hu.

Hotel Három Gúnár, Batthyány utca 1–7, Tel. 76/505-785, Fax 76/481-253, www.hotels.hu/harom_gunar. Altes, schön renoviertes Hotel mit empfehlenswertem Restaurant. ❍❍

▪ **Fábián Panzió,** Kápolna utca 14, Tel. 76/477-677 Fax 76/477-175. Moderne Pension mit zehn großen Zimmern in einer angenehmen Atmosphäre. Nur wenige Minuten zu Fuß von der City. ❍

Magnas Pince, Csongrádi utca 2, Tel. 76/417-640. Tgl. 11–23 Uhr. Gemütliches Kellerlokal, herzhafte ungarische Gerichte. ❍

▪ **Kecskeméti Csárda,** Kölcsey u. 7, Tel. 76/488-686, tgl. 11–23 Uhr. Schönes Wirtshaus mit feiner ungarischer Küche; großer Garten. ❍

8 Karte Seite 84

Tour 9

Durch die Kornkammer Ungarns

****Kiskunfélegyháza → Csongrád → Szarvas → Békéscsaba → *Gyula → Szeged**

Diese Tour führt durch das südliche Randgebiet der Großen Tiefebene, aber nicht mehr durch klassische Pusztalandschaft, sondern über fruchtbares Land mit endlos weiten Feldern. Am Weg liegen einige Kleinstädte wie Kiskunfélegyháza oder Gyula, die alle zumindest einen kurzen Besuch verdienen. Die Tour ist ca. 300 km lang und man sollte ein bis zwei Tage dafür einplanen.

**Kiskunfélegyháza ㊼

Von Kecskemét (s. S. 89) geht es 23 km weit auf einer stark befahrenen Landstraße nach Kiskunfélegyháza, in einen Ort, der für Deutschsprachige ein schier unüberwindliches Ausspracheproblem birgt (gesprochen: Kischkunfelädjaso). Diese Stadt Kleinkumaniens mit 35 000 Einwohnern war im 16. Jh. von den Türken zerstört worden, blühte danach jedoch wieder auf.

Das Komitat Bács-Kiskun wird oft auch als der Obstgarten Ungarns bezeichnet. Im Sommer und im Herbst sieht man auf den Landstraßen in der Umgebung immer wieder endlose Kolonnen von Lastwagen und Traktoren mit Anhängern, die Obst und Gemüse auf die Märkte nach Budapest, Szeged und Pécs bringen. Eine wichtige Einkommensquelle ist auch die Geflügelzucht (größte Gänsezuchtfarm Europas, vor allem die umstrittene Produktion von Gänsestopfleber).

Die Hauptsehenswürdigkeit in Kiskunfelegyháza ist das ****Rathaus,** ein Prunkstück des ungarischen Jugendstils. Es wurde 1911 von dem Architekten József Vass gebaut, die üppig verwendeten Majolika-Ornamente der Firma Zsolnay in Pécs übertreffen sogar die der Budapester Bauten des Jugendstilmeisters Ödön Lechner. Wohl übernahm Vass stilistische Ideen von Lechner, doch wagte er sich an viel verspieltere Muster als sein Budapester Vorbild. Die Ornamente sind der ungarischen Spitzenstickerei nachempfunden, denn Vass suchte – wie auch Lechner – seine Vorbilder in der Volkskunst.

Das **Kiskun-Museum** (Dr. Holló Lajos u. 8, Tel. 461-468, 15. März–Okt., Mi–So 9–17 Uhr) ist im spätbarocken Haus der einstigen Verwaltung Kleinkumaniens untergebracht. Es dokumentiert die Ortsgeschichte und das Schicksal der Kumanen, eines türkisch sprechenden Nomadenvolkes, das sich Anfang des 13. Jhs. auf der Flucht vor den Mongolen hier niederließ.

Anno Vendéglő, Nefelejcs u. 18, Tel. 76/431-716, tgl. 11–23 Uhr. Hübsches Lokal mit historischem Ambiente. ❍❍

Csongrád ㊽

Der nächste größere Ort in Richtung Osten ist nach 26 km Csongrád (22 000 Einw.), ein nettes kleines Tiefland-Städtchen an der Tisza. Das Leben geht seinen gemächlichen Gang, die Atmosphäre im Ort ist gelassen. Am Ufer der Theiß kann man spazieren gehen und in mehreren Restaurants hervorragend essen – ein Ort für einen ganzen Urlaub. Sehenswert ist

9 Karte Seite 84

Belsöváros ist eines der stimmungsvollen Dörfer in der Puszta bei Csongrad

die denkmalgeschützte Altstadt mit schilfgedeckten Fischerhäuschen an einem toten Flussarm.

Hotel Tisza, Fő utca 23, Tel./Fax 63/483-594. Angenehmes kleines Hotel in bester Lage, mit 15 Zimmern. ❍

Csuka Csárda, Szentesi u. 1., Tel. 63/481-012; tgl. 10–22 Uhr. Im »Wirthaus zum Hecht« am Seitenarm der Theiß isst man natürlich Csongráder Fischspezialitäten. ❍❍

▮ **Kertvendéglő,** Dózsa Gy. tér 6, Tel. 63/483-199, tgl. 10.30–22 Uhr. Hier kann man im angenehmen Gartenlokal und bei einer Runde Minigolf pausieren. ❍

Szentes ㊾

Nun geht es durch herrliche Wiesen und weite Felder ins 13 km entfernte Szentes (34 000 Einw.), das seit Jahrhunderten ein Zentrum der Landwirtschaft bildet. Auch Szentes hat, wie Csongrád, ein Thermalbad. Sehenswert sind das Rathaus und das ehemalige Komitatshaus am Kossuth tér.

Szarvas ㊿

Nach weiteren 35 km in nordöstlicher Richtung erreicht man Szarvas (20 000 Einw.), im Mittelalter der bedeutendste Handelsort und Marktflecken im weiten Umkreis. Szarvas wurde von den Türken zerstört und entvölkert. Im 18. Jh. siedelten sich slowakische Familien an; zweisprachige Ortsschilder weisen auf deren Nachkommen hin. Der Pfarrer Sámuel Tessedik gründete 1790 eine Landwirtschaftsschule, die zur Universität ausgebaut wurde. Die Verdienste des Pfarrers sind dokumentiert im **Tessedik-Museum** (Vajda Péter utca), dem Gründerhaus der Schule. Auch werden Exponate zur Geschichte der Region und Volkskunst gezeigt.

Das **Arboretum** mit rund 1700 seltenen Baumarten und Unterarten liegt am nördlichen Ende der Stadt (April bis November).

Von Szarvas lohnt sich ein Abstecher ins 18 km nördlich gelegene **Mezőtúr,** denn dort werden weithin bekannte Keramiken hergestellt (s. S. 92). Sehenswert ist auch die klassizistische Synagoge.

9 Karte Seite 84

Arany Ménes Panzió, Szarvas, Arborétum u. 1, Tel. 66/313-046, Fax 66/216-858, E-Mail: menes-szarvas@freemail.hu. Gehobene Pension mit 11 Zimmern, wunderschön am berühmten Park gelegen. ❍❍

Kondoros

20 km südöstlich von Szarvas liegt Kondoros, das jedem Ungarn von einem populären Volkslied her bekannt ist. In der dortigen Csárda nämlich saßen – dem Text zufolge – jeden Abend die Betyáren (dem Volk wohlgesonnene Wegelagerer) und machten der Wirtstochter den Hof.

Kondorosi Csárda, Hősök tere 23, Tel. 66/388-219, tgl. 11.30–22 Uhr. Räuber sitzen nicht mehr hier, oft aber hungrige Gäste, die wegen der ausgezeichneten Küche von weither kommen. ❍

Békéscsaba 51

Von Kondoros sind es etwa 25 km bis zum Eisenbahn- und Verkehrsknotenpunkt Békéscsaba (70 000 Einw.), der Hauptstadt des Komitats Békés und dem Zentrum der im 17. Jh. nach Ungarn eingewanderten Slowaken. Die evangelische **Große Kirche** am Kossuth tér in der idyllischen Altstadt steht am Übergang zwischen Zopfstil und Klassizismus und ist mit 2900 Plätzen die größte ihrer Art in Ungarn. Gebaut wurde sie 1807–1824.

Hotel-Restaurant Fiume, Szent István tér 2, Tel. 66/443-243, Fax 66/441-116. Barockes Hotel in der Innenstadt, 39 Zimmer, schöner Speisesaal. ❍

*Gyula 52

Nun sind es noch 15 km bis Gyula, einer kleinen Stadt mit 35 000 Einwohnern im ungarischen Tiefland dicht an der rumänischen Grenze. Gyula ist 1214 als Kloster zum ersten Mal urkundlich erwähnt. Später war es von Türken besetzt, dann siedelten sich die Habsburger Rheinländer an, später auch Rumänen. Seit dem 19. Jh. hat Gyula einen guten Ruf als Kurstadt.

Die **Ziegelburg** aus dem 15. Jh., die ehemalige Grenzfestung, ist die einzige in der Großen Tiefebene erhaltene. Im Sommer spielt im Hof das Gyulaer Burgtheater. Das benachbarte **Barockschloss** ließ 1720 der geadelte österreichische Heereslieferant und

Volkskunst der Tiefebene

Ungarn ist berühmt für seine Volkskunst, die beliebtesten Souvenirs sind die farbenfrohen Matyó-Stickereien. Viele der alten, lange überlieferten Techniken, die reiche Formenwelt und wunderschönen Motive blieben besonders in der ungarischen Tiefebene bewahrt.

Zentrum der **Töpferei** ist Mezőtúr. Seit dem 16. Jh. werden Schüsseln, Teller, Krüge und Feldflaschen in Ockergelb grundiert und mit roten, weißen und grünen Mustern verziert. Das Töpfereimuseum (Bajcsy-Zsilinski u. 41, Apr.–Okt. Di–So 10 bis 12, 15–17 Uhr) zeigt die Geschichte der Töpferkunst in einer ständigen Ausstellung. Das Heiduckenland (Hajdúság) wurde durch die Schwarzkeramik aus Nádudvár (Töpferhaus, Fő u. 159, Apr.–Okt. 10–17 Uhr, Mo geschl.) berühmt sowie durch die **Fellstickerei.**

9 Karte Seite 84

Straßenhandel mit Korbwaren in der Grenzstadt Gyula

Die einzige erhaltene Ziegelburg Ungarns steht in Gyula

Besitzer der Burg und der Ländereien, Johann G. Harruckern, erbauen.

Die barocke **Innerstädtische Pfarrkirche** am Harruckern tér stammt von 1777 und wurde ebenfalls von Harruckern gestiftet. Sehenswert ist die **Hundertjährige Konditorei** (Százéves Cukrázda) am Erkel tér. Die Bie-

Die Hirtenkultur der Hortobágy bzw. der Tiefebene zeigt sich in kunstvollst verzierten Gebrauchsgegenständen. Dekorativ sind die langen **Hirtenpeitschen** mit den aufwendig verzierten Griffen (Hirtenmuseum, Hortobágy, Petőfi S. tér 1, Apr.–Okt. Di–So 9–17 Uhr). Die **Kürschnerstickerei** im Jászság ist durch ihren Motivreichtum berühmt. Man nahm früher nur Felle langhaariger Schafe für die Fertigung des »ködmön«, der Felljacke bzw. des »suba«, des langen, bunt bestickten Hirtenfellmantels (aus rund 14 Fellen; Jász-Múzeum, Jászberény, Széchenyi u. 9, Mai–Sept. 9–17, Okt.–Apr. Mi–Fr 9–16, Sa, So 9–17 Uhr).

Rétköz vertritt die **Handweberei,** Bereg die **Hahnentrittmuster-Stickerei,** in Tarpa (Heimatmuseum, Kossuth u. 21, Mai–Sept. 9–17 Uhr, Mo geschl.) stichelt man Tulpen- und Nelkenmuster auf Leinen.

Das **Flechten** ist weit verbreitet. In Hajdúnánás und Törökszentmiklós lebt die Tradition der Strohflechter fort, Beispiele zeigt das Künstlerhaus Szalma Galéria (Strohgalerie, Törökszentmiklós, Kossuth u. 135, Mo–Fr 8–19, Sa 8–12 Uhr). Gebrauchs- und Schmuckgegenstände fertigt man aus Roggen- und Gerstenstroh sowie aus Bast. Aus Maisblättern entstehen Spielwaren für Kinder, aber auch Brot- und Nähkörbe. Entlang von Theiß und Körös ist die Korb- und Möbelflechterei angesiedelt.

Das **Gerbereihaus** in Debrecen zeigt auf 500 m² volkstümliches Handwerk, u. a. in fünf Werkstätten; reizender Musterladen (Timárház, Nagy Gál István u. 6, Tel. 52/368-013, April–Okt. Di–Fr 10–18, Sa 10–14 Uhr, Nov.–März Di–Fr 10–17, Sa 10–14 Uhr).

9 Karte Seite 84

dermeiereinrichtung entstand 1840, Kuchen und Torten sind dagegen stets frisch und von erster Qualität – und werden hoch geschätzt.

Idyllisch ist der **Kurpark** mit einem Hallenbad aus dem Jahr 1833.

Tourinform, Kossuth Lajos u. 7, 5700 Gyula, Tel./Fax 66/561-680, www.gyula.hu.

Civis Hotel Park, Part utca 15, Tel. 66/463-711, Fax 463-124, www.gyulavarfurdo.hu. Modernes Hotel mit 56 Zimmern in schöner Lage direkt am Kurpark. ❍❍–❍❍❍

Family Exclusive Panzió, Kossuth u. 13, Tel./Fax 66/463-725. Gasthof mit schönem Biergarten; außerdem 4 Apartments. ❍

Hanf – Ungarns Pflanze der Zukunft?

Nach der Wende 1989 lag Ungarns Wirtschaft darnieder und mit ihr der Agrarmarkt. Es gab keine Chance, ins Ausland zu exportieren, schon gar nicht in die Länder der EU. Die früheren landwirtschaftlichen Produktionsgenossenschaften brachen auseinander, wurden privatisiert. Zwar bildeten sich Genossenschaften, die oft nach dem früheren Muster organisiert waren, doch der Absatzmarkt für die Produkte war klein, die erzielbaren Erlöse kaum der Rede wert.

Bis heute hat sich die Situation kaum gebessert, doch bei manchen Landwirten keimt Hoffnung auf. »Hanf« heißt das Zauberwort; der Cannabis-Anbau soll die Zukunft sichern. Ungarns Bauern wollen nicht etwa Rauschgift produzieren, sondern Nutzhanf anbauen, dessen Gehalt an dem berauschenden Stoff Tetrahydrocannabinol (THC) so gering ist, dass er nicht unter das Betäubungsmittelgesetz fällt. Hanf ist ein Rohstoff der Zukunft, aus ihm kann man Stoffe, Papier, Speiseöl, Futtermittel, Dämm-Material, Dieselöl und sogar Arzneimittel herstellen. Die Pflanze ist umweltfreundlich, braucht keinen chemischen Dünger und Pflanzenschutzmittel, und sie wächst schnell wieder nach. Hanf wird in Ungarn seit Jahrhunderten angebaut, bislang verarbeiteten Firmen in Szeged die Fasern der bis zu 2,80 m hohen Pflanzen zu Seilen, Säcken und groben Stoffen. Doch nun denkt man weiter. Im Gebiet um Hódmezővásárhely bauen schon mehrere Genossenschaften auf etwa 6000 ha Cannabis an. Grundlage ist die Züchtung eines Pflanzengenetikers aus der Nähe von Eger, der eine Hanfart entwickelt hat, die mehr Fasern enthält als die bisher gebräuchlichen Sorten. Der Wissenschaftler exportiert den Hanfsamen in viele Länder – auf dem Gebiet der Züchtung ist Ungarn längst eine der führenden Nationen. Beim Anbau und der Weiterverarbeitung liegt man im Wettstreit mit dem Nachbarland Rumänien. Dort haben amerikanische Investoren Verarbeitungsbetriebe für Hanf gegründet.

Ungarn holt auf. In den letzten Jahren hat sich die Hanfproduktion vervierfacht, und ständig entschließen sich weitere Bauern dazu, Hanf anzubauen.

9 Karte Seite 84

Ungarn, das Land der Störche: Storchennest mit Nachwuchs in Szalonna

Orosháza 53

Auf der Fahrt in Richtung Südwesten nach Szeged kann man nun zurück nach Békéscsaba fahren und dort die Landstraße 47 nehmen, oder man wählt den Weg quer über die Dörfer und trifft bei Orosháza auf die 47. Beide Strecken sind etwa 50 km lang und landschaftlich ähnlich. Orosháza (38 000 Einw.) wurde vor seiner Erhebung zur Stadt (1946) »größtes Dorf Ungarns« genannt. Es ist bekannt durch seine Glasfabrikation und als Umschlagplatz für die landwirtschaftlichen Produkte aus der Umgebung.

Hódmezővásárhely 54

34 km sind es bis Hódmezővásárhely (55 000 Einw.), einer der für die Tiefebene typischen Flächenstädte. Kleine Dörfer und Gehöfte der Umgebung wurden eingemeindet, der Übergang zwischen Stadt und Land ist fließend. Hódmezővásárhely, unter Matthias Corvinus Marktort, während der Türkenzeit Khas-Stadt mit Sonderrechten, hat sich Ende des 19. Jhs. in Verbindung mit der Landarbeitererhebung durch die beispielhafte Eigeninitiative der Bauern einen Namen gemacht. Hódmezővásárhely ist heute das Zentrum des ungarischen Hanfanbaus – mit besten Zukunftsperspektiven.

1955 wurde in der Nähe der Film »Ich denke oft an Piroschka« mit Lilo Pulver, Gunnar Möller und Gustav Knuth gedreht, einer der großen deutschen Kinoerfolge der Nachkriegszeit.

Zentrum der Stadt ist der **Kossuth tér** mit dem eklektizistischen Rathaus von 1893. Vom 57 m hohen Glockenturm hat man eine herrliche Aussicht. An diesem Platz stehen drei **Barockkirchen,** eine reformierte, eine katholische und eine orthodoxe. Das **Tornyai-János-Muzeum** (Szántó Kovács János u.) zeigt Werke zeitgenössischer ungarischer Künstler, Beispiele örtlichen Kunsthandwerks sowie eine bei Grabungen entdeckte weltberühmte Venusstatue aus dem 3. Jh. v. Chr.

Liget, Tóalj utca 17, Tel. 62/249-476; So–Do 11–23 Uhr, Fr/Sa 11–24 Uhr. Modernes Restaurant mit guter ungarischer Küche. ○○

Bis nach Szeged (s. S. 49) sind es nun noch 27 km.

9 Karte Seite 84

10
Karte Seite 84

Tour 10

Entlang der Donau nach Budapest

Szeged → Kiskunhalas → Dunaújváros → Ráckeve → *Velence-See → Budapest

Diese Tour führt von Szeged ins Donaubecken und dann zum Ausgangspunkt der Ungarn-Rundreise, nach Budapest zurück. Sobald man das flache Gebiet Kleinkumaniens mit den endlosen Feldern und Wiesen hinter sich hat, rückt an der Donau schon das Naherholungsgebiet von Budapest näher. Die Halbinsel Csepel mit dem Ort Ráckeve und der Velence-See sind beliebte Ausflugsziele am Wochenende. Die Tour ist etwa 160 km lang, und man braucht einen Tag dafür.

Kiskunhalas 55

Nach Szeged (s. S. 46) ist das 70 km entfernte Kiskunhalas (32 000 Einw.) interessant. Der Ort ist berühmt für filigrane Spitzen. Die Ursprünge der Spitzenkunst gehen bis 1903 zurück, als der Lehrer und Sammler Árpád Dékáni Muster für Spitzen entwarf und sie von Näherinnen herstellen ließ. Die Räume von einst dienen als **Spitzen-Museum** (Kossuth Lajos utca 39). Sehenswert ist auch die Windmühle des Ortes mit einer drehbaren Dachkonstruktion.

Csipke Hotel, Semmelweis tér 16, Tel. 77/421-455, Fax 77/421-205. Modernes, ruhiges Hotel mit 26 Zimmern. ❍❍

Akrobatische Reitvorführung im Kiskunsád-Nationalpark

Halasi Csárda, Szász utca 5, Tel. 77/322-825, tgl. 7–22 Uhr. Das einfache Lokal bietet sehr schmackhafte Fischgerichte. ❍

*Kiskunsád Nationalpark

18 km hinter Kiskunhalas sollte man bei Soltvadkert rechts abbiegen und nach **Bugac** 56 fahren. Dies ist der wichtigste Zugang zur **Bugac-Puszta,** dem 10 000 ha großen Teil des Kiskunsád Nationalparks, einem riesigen Naturschutzgebiet mit Sanddünen, Wäldern, Weideland, Schilfgebieten, Mooren und herrlichen Wiesen.

Die typische Puszta-Landschaft bildete sich in der Türkenzeit, als die Ackerböden fast 200 Jahre lang brach lagen. Ein Teil wurde dann zwar wieder unter den Pflug genommen, die Bugac-Puszta mit ihren seltenen Pflanzen und Tieren jedoch wurde unter Naturschutz gestellt. Hier weiden Herden von Ungarischen Graurindern und Zackelschafen (s. S. 87), deren Bestände geschützt sind.

Vom Informationszentrum hinter dem Dorf Bugac fahren Planwagen Besucher zu einer Csárda, einem Hirtenmuseum und einem Gestüt, wo so manche zirkusreifen Reitkunststücke vorgeführt werden.

Der Velence-See ist ein beliebtes Badegewässer der Budapester

10 Karte Seite 84

Kaland Tanya Hotel, 2375 Tatárszentgyörgy, Vitéz sór 3, Tel. 29/319-240, Fax 319-520, E-Mail: kalandt@fv.hu. Ideal für Ferien mit Kindern. Reiten, Streicheltiere. ○○

Kiskőrös 57

Von Soltvadkert sind es nun 10 km bis **Kiskőrös,** wo Sándor Petőfi, der Dichter und Revolutionsheld von 1848, geboren wurde. Das Geburtshaus ist heute das **Petőfi-Sandor-Museum.**

Hotel Kalocsa, Kalocsa, Szentháromság tér 4, Tel. 78/561-200, Fax 561-212, www.hotelkalocsa.hu. Lohnender Abstecher. Barockes Haus, 29 moderne Zi., vorzügliches Restaurant, schöner Innenhof. ○○

Dunaújváros 58

30 km weiter sollte man bei Solt auf der Landstraße Nr. 51 nach Norden fahren. Die Strecke führt durch hübsche Dörfer. Dunaújváros, eine Stadt mit 60 000 Einwohnern geht auf die Römerzeit zurück, besitzt jedoch kaum historische Bausubstanz. Sie ist ein Zentrum der Schwerindustrie.

Ráckeve 59

Weiter geht es parallel zur Donau; nach 35 km ist Ráckeve erreicht, das im 15. Jh. von serbischen Auswanderern gegründet wurde. Ein Relikt aus dieser Zeit ist die 1487–1500 erbaute gotische ***Serbische Kirche** mit mittelalterlichen Fresken. Auch Schloss Savoyen, das der Feldherr Prinz Eugen von Savoyen nach seinem Sieg gegen die Türken 1687 errichten ließ, ist sehenswert.

Die idyllische Umgebung von Ráckeve auf der Halbinsel Csepel schätzen Angler und Badegäste.

*Velence-See

Nun sollte man mit der Fähre nach Adony übersetzen und 20 km zum Velence-See fahren, dem zweitbeliebtesten Badesee der Budapester. Er ist flach, 10 km lang und etwa 3 km breit, großenteils mit Schilf bewachsen und ein Vogelschutzgebiet.

Halászcsárda, Pákozd, Szúnyogsziget, Tel. 60/391-327; 15. Mai–15. Okt. tgl. 17–22 Uhr. Alteingesessenes Fischrestaurant mit Terrasse und Seeblick. ○○

Infos von A–Z

Ärztliche Versorgung

Die medizinische Sofortbehandlung sowie die Kosten für Krankentransporte sind in Ungarn auch für Touristen kostenlos. Weitere Behandlungen und Arzneimittel sind dagegen zu bezahlen. Deswegen empfiehlt es sich, vor der Reise eine Auslands-Krankenversicherung abzuschließen.

Die ärztliche Versorgung ist flächendeckend und hat ein hohes Niveau. Gleiches gilt für den Rettungsdienst. In allen größeren Städten gibt es einen ärztlichen Notdienst, der oft auch mit Deutsch sprechendem Personal besetzt ist.

Die **Apotheken** haben zu den üblichen Geschäftszeiten geöffnet, in größeren Orten gibt es nachts und am Wochenende einen Bereitschaftsdienst. Die Adressen der diensthabenden sind an allen Apotheken angeschrieben.

Auto-Pannendienst

Der Ungarische Automobilklub (MAK) unterhält rund um die Uhr ein dichtes Netz von Pannenhilfsfahrzeugen auf den Fernstraßen. An den Autobahnen M 1, M 5 und M 7 sind im Abstand von 2 km Notrufsäulen installiert.

- Landesweiter Pannendienst des **Ungarischen Automobilclubs:** 188
- Internationale Notrufstation des **ADAC/ÖAMTC** in Budapest: Tel. 1/345-1717
- Notruf **Rettungsdienst:** Tel. 104

In den Sommermonaten ist die Station von ADAC- oder ÖAMTC-Mitarbeitern von 8–20 Uhr besetzt, in der übrigen Zeit von Helfern des Ungarischen Automobilklubs, die alle Englisch, teilweise auch Deutsch sprechen.

Budapest-Card

Ob als Fahrschein im öffentlichen Nahverkehr oder als Rabattgarantie bei Stadtrundfahrten, in Museen oder im Zoo, das 2-Tage (4700 Forint) bzw. 3-Tage-Ticket (5900 Forint) ist sein Geld wert. Erhältlich ist die Budapest-Card in Tourismus- und Reisebüros, Hotels sowie an Fahrkartenschaltern.

Devisenbestimmungen

In- und ausländische Zahlungsmittel müssen bei der Ein- und Ausreise deklariert werden, wenn sie einen Gegenwert von 1 Million Forint übersteigen.

Diplomatische Vertretungen

- **Deutsche Botschaft:**
1014 Budapest, Úri utca 64–66,
Tel. 1/488-3500, Fax 488-3505,
www.deutschebotschaft-budapest.hu
- **Österreichische Botschaft:**
1068 Budapest, Benczúr utca 16,
Tel. 1/479-7010, 413-0240,
Fax 1/352-8795,
www.austrian-embassy.hu
- **Schweizer Botschaft:**
1143 Budapest, Stefánia út 107,
Tel. 1/460-7040, Fax 1/384-9492,
www.eda.admin.ch/budapest

Einkaufen

Beliebte Mitbringsel aus Ungarn sind traditionell Salami, getrocknete Peperoni, sauer eingelegtes Gemüse, Paprikapulver und andere Gewürze. Man sollte Nahrungsmittel nicht bei einem der vielen Händler an den Fernstraßen kaufen, sondern besser auf einem Markt oder direkt bei den Bauern.

Auch die beliebten Korbwaren sind im Landesinneren preiswerter als an den Verkaufsständen an der Grenze. Volkskunstartikel wie Stickereien und Keramik kauft man am besten und günstigsten in den Orten, in denen sie hergestellt werden.

Einreise

Für Reisende aus Deutschland, Österreich und der Schweiz genügt der Personalausweis. Reisepässe müssen mindestens noch drei Monate gültig sein. Die grüne Versicherungskarte ist nicht mehr Pflicht, erleichtert jedoch im Falle eines Diebstahls oder Unfalls die Schadensabwicklung.

Für Hunde und Katzen ist der EU-Heimtierpass vorgeschrieben (www.bundestieraerztekammer.de).

Elektrizität

Die Netzspannung beträgt in Ungarn generell 220 Volt.

Feiertage

1. Januar: Neujahr, 15. März: Nationalfeiertag, Ostermontag, Pfingstmontag, 1. Mai: Tag der Arbeit, 20. August: Tag Stephans I., des Heiligen, 23. Oktober: Gedenken an den Volksaufstand 1956 und die Proklamation der Republik Ungarn 1989, 1. November: Allerheiligen; 25./26. Dezember: Weihnachten.

Fundbüro

Fundbüros gibt es nur in Budapest:

- **Für öffentliche Verkehrsmittel:** Tel. 1/267-5299, Akácfa u. 18.
- **Bahnverkehr:** Tel. / 329-8037, Váci út 3.
- **Flughafen:** Tel. 296-5965; Malév, Tel. 295-3480. 296-8108.

Hat man etwas verloren, muss man im Bürgermeisteramt des jeweiligen Ortes bzw. Bezirks oder bei der nächsten Polizeiwache nachfragen.

Geld und Währung

Die ungarische Währung ist der Forint, abgekürzt HUF. Es gibt Münzen im Wert von 1, 2, 5, 10, 20, 50 und 100 Forint. Geldscheine sind im Wert von 200, 500, 1000, 2000, 5000, 10 000 und 20 000 Forint im Umlauf. 1 € entspricht 243 HUF, 1 HUF 0,0041 €.

Geld wechseln kann man bei den meisten Banken, wo auch rund um die Uhr funktionierende Geldumtausch- oder EC-Geldautomaten zu finden sind. Banken und Reisebüros können ihren Wechselkurs selbst gestalten, die Wechselstellen müssen ihren jeweiligen Kurs immer aushängen.

Die Banken haben werktags in der Regel von 9–16 Uhr geöffnet, Wechselstuben meist länger. In Touristenzentren wie am Plattensee kann man während der Saison auch bis tief in die Nacht und am Wochenende Geld wechseln. Vorsicht vor Leuten, die Sie auf der Straße ansprechen und günstige Wechselkurse versprechen! Bei diesen Schwarztauschgeschäften sind ausnahmslos Betrüger am Werk.

Die gängigen **Kreditkarten** werden in vielen Restaurants und Geschäften akzeptiert; die Symbole am Eingang verweisen darauf. Bargeld erhält man damit in Banken und an Geldautomaten. Bei Verlust der Kreditkarte diese umgehend sperren lassen, telefonisch bei der ausgebenden Bank oder

- **VISA Global:** 06-80-011-272 (gebührenfrei) o.: 00 44-1-7 19-3 81-0 31;
- **Mastercard Zentrale Frankfurt:** 00 49-69-74 09 87.

Information

- **Ungarisches Tourismusamt,** 10178 Berlin, Neue Promenade 5, Info-Tel. 0 18 05/140 150 (0,12 €/Min.), Fax 0 30/243-146-13, www.ungarn-tourismus.de; 80637 München, Dom-Pedro-Str.17, Tel. 0 89/12 11 52 30, Fax 0 89/12 11 52 51, E-Mail: htmunich@hungarytourism.hu; 60313 Frankfurt, An der Hauptwache 11, Fax 069/92 88 46 13.
- **Ungarisches Tourismusamt Wien,** 1010 Wien, Opernring 5/2,

Tel. 01/585-20 12 13, Fax 585-20 12 15, www.ungarn-tourismus.at.

- **Ungarisches Verkehrsbüro Schweiz,** 8035 Zürich, Stampfenbach Str. 78, Tel. 01/361-1414, Fax 01/361-3939, www.ungarn-tourismus.ch.

Informationsbüros von **Tourinform** finden Sie in allen ungarischen Städten und Touristenzentren.

- **Tourinform Hotline:** Tel. 06-80-630-800 (innerhalb Ungarns), 00 36-30-3030-600 (vom Ausland), E-Mail: hungary@tourinform.hu, www.tourinform.hu.

Kriminalität

Im Europavergleich kann die Sicherheit in Ungarn als normal bezeichnet werden (www.auswaertiges-amt.de). Trotzdem sollte man wie überall auf Geldbörse und Papiere achten.

Um einem Autodiebstahl vorzubeugen, sollte man Folgendes beherzigen: In Budapest den Wagen nur auf bewachten Parkplätzen oder in Hotelgaragen abstellen. Gleiches gilt für die größeren Städte im Osten und Südosten des Landes wie Nyíregyháza, Debrecen, Gyula oder Szeged.

Maßeinheiten

Getränke und Speisen werden in Ungarn in Dezi und Deka gemessen und verkauft. So ist ein Dezi Wein 0,1 Liter, fünf Deka Wurst sind 50 Gramm.

Mehrwertsteuer-Rückerstattung

Die Rückerstattung in Höhe von 25 % kann für alle Produkte mit Ausnahme von Kunstwerken, Sammlungen und Antiquitäten beantragt werden. Nachstehende Bedingungen müssen sämtlich erfüllt werden:

Der Reisende aus einem Nicht-EU-Land führt die Waren in der ungeöffneten Originalverpackung aus und legt sie, wie vorgeschrieben, der Zollbehörde vor.

Zwischen dem Zeitpunkt des Kaufs und dem Zeitpunkt der Ausfuhr vergingen nicht mehr als 90 Tage.

Zwischen der Ausfuhr des Gegenstands und der Vorlage des Steuerrückerstattungsantrags sind nicht mehr als 183 Tage vergangen.

Der Reisende fügt die auf seinen Namen ausgestellte Originalrechnung bei, auf welcher der angegebene Wert (Steuer einbegriffen) mindestens HUF 50 000 beträgt.

Notruf (gebührenfrei)

- **Polizei** (Rendőrség): Tel. 107
- **Feuerwehr** (Tűzoltók): Tel. 105
- **Rettungsdienst** (Mentők): Tel. 104

Öffnungszeiten

In Ungarn gibt es keine gesetzlichen Ladenschlusszeiten mehr. Dennoch haben die meisten **Geschäfte** und auch die Kaufhäuser in den Städten nur von 10–18 Uhr offen, samstags von 9–13 Uhr. Donnerstags wird meist erst um 20 Uhr geschlossen.

In allen größeren Orten jedoch findet man ABC-Läden, Bäckereien und sonstige Geschäfte, die länger geöffnet haben, manche sogar Tag und Nacht. Die großen Einkaufszentren schließen auch sonntags nicht. **Museen,** Galerien und Ausstellungen sind meist montags geschlossen.

Post

Postämter haben in der Regel werktags von 8–18 Uhr geöffnet, samstags in größeren Orten von 8–12 Uhr. Zwei Postämter in Budapest haben länger geöffnet: Postamt 62, VI., Teréz körút 51 (am Westbahnhof), Mo–Sa 7–21, So 8–20 Uhr, und Postamt 72, VIII., Baross tér 11 (am Ostbahnhof), Mo bis Sa 7–21 Uhr. Die Briefkästen in Ungarn sind rot.

Radio
Die meisten ungarischen UKW-Stationen senden auf Frequenzen, die im Westen für Polizei und Rettungsdienste reserviert sind. Mit dem Autoradio sind auf UKW nur einige Privatsender, wie Radio Danubius (am Balaton UKW 100,4 MHz. in Budapest 103,3 MHz) zu empfangen.

Taxi
Man muss unterscheiden zwischen Budapest und dem übrigen Land. Außer in der Hauptstadt kann man unbedenklich in jedes Taxi steigen und wird sicher und preiswert ans gewünschte Ziel chauffiert. In Budapest dagegen hat sich in den letzten Jahren eine Taximafia etabliert, die den Markt unter sich aufteilt. Besonders aufpassen muss man am Flughafen, an den Bahnhöfen und vor den internationalen Hotels. Am Flughafen sollte man den Airport-Minibus benutzen (S. 33).

Möchte man in der Innenstadt ein Taxi nehmen, sollte man sich vorher bei Einheimischen nach dem ungefähren Preis für die Strecke erkundigen.

Es lohnt sich, ein Taxi per Telefon zu bestellen – die Tarife für ein vorbestelltes Taxi sind am günstigsten! Als Wartezeit muss man, je nach Verkehr, 5 bis 15 Minuten einkalkulieren.
Solide Firmen sind:
- **Budataxi:** Tel. 233-3333
- **City Taxi:** Tel. 211-1111
- **Főtaxi:** Tel. 222-2222
- **Rádiótaxi:** Tel. 377-7777
- **Tele 5 Taxi:** Tel. 355-5555
- **6 x 6 Taxi:** Tel. 266-6666

Telefon
In Ungarn haben sich Kartentelefone durchgesetzt. Telefonkarten mit 50 oder 120 Einheiten bekommt man in den Postämtern und an vielen Kiosken. Bei Münzapparaten braucht man 10-, 20-, 50- oder 100-Forint-Münzen.

Bei **Auslandsgesprächen** zuerst 00 wählen, auf das Freizeichen warten (hoher Piepston oder rasselndes Klingeln), dann die Landesvorwahl anfügen – Deutschland 49, Österreich 43 und Schweiz 41.

Die Vorwahl für Ungarn ist 0036.

Bei **Inlandsferngesprächen** wählt man 06 vor der Ortsnetzkennzahl.

Von 22–8 Uhr sowie am Wochenende sind die Tarife vergünstigt. Telefonauskunft Inland: 198, Ausland: 199.

Mobiltelefone der D-Netze funktionieren im ganzen Land. Über vorteilhafte Roamings und Möglichkeiten, günstig mobil zu telefonieren, informiert Ihr Anbieter und www.teltarif.de.

Trinkgeld
Üblich sind etwa 10 % des Rechnungsbetrags. Tankwarte erwarten etwa 100 Forint. Hat im Restaurant die Musik der Zigeunerkapelle gefallen, erhält der Primas einen Schein.

Zeit
Ungarn hat mitteleuropäische Zeit (mit Sommerzeit).

Zollbestimmungen
Innerhalb des **EU-Binnenmarkts** – zu dem Ungarn seit Mai 2004 gehört – dürfen Privatpersonen uneingeschränkt Waren aus anderen Mitgliedstaaten ein- und ausführen. Ausnahme: Für Tabakwaren gelten bis 2008 die alten Freigrenzen, d. h. dieselben wie für Schweizer.

Schweizer dürfen zollfrei ein- und ausführen: 250 Zigaretten oder 50 Zigarren oder 250 g Tabak, 2 l Wein und 1 l Branntwein sowie Gegenstände des persönlichen Gebrauchs. Waren bis zum Gesamtwert von 305 000 Ft. sind zollfrei. Genehmigungspflichtig ist die Ausfuhr von Gold und Silber, von Kunstwerken, Antiquitäten und anderen musealen Gegenständen.

Langenscheidt Mini-Dolmetscher

Allgemeines

Guten Morgen.	Jó reggelt kívánok. [joh **räg**·gält **kih**wahnok]
Guten Tag.	Jó napot kívánok. [joh **na**pot **kih**wahnok]
Guten Abend.	Jó estét kívánok. [joh **äsch**teht **kih**wahnok]
Hallo!	Helló! [häl·lo]
Wie geht es Ihnen / dir?	Hogy van / vagy? [hodj wan / wadj]
Danke, gut.	Köszönöm jól. [**kö**ßönöm johl)
Ich heiße ...	... vagyok. [**wa**djok]
Auf Wiedersehen!	Viszontlátásra! [**wi**ßontlahtahschra]
Morgen	reggel [**räg**·gäl]
Nachmittag	délután [**deh**lutahn]
Abend	este [**äsch**tä]
Nacht	éjszaka [**ehj**ßaka]
morgen	holnap [**hol**nap]
heute	ma [ma]
gestern	tegnap [**täg**nap]
Spricht hier jemand Deutsch / Englisch?	Beszél valaki németül / angolul? [**bä**ßehl **wa**laki **neh**mätül / **ang**olul]
Wie bitte?	Tessék? [**täsch**·schehk]
Ich verstehe nicht.	Nem értem. [näm **ehrt**·täm]
Sagen Sie es bitte nochmals.	Legyen szíves, mondja el még egyszer. [**lä**djän **ßih**wäsch, **mon**dja äl mehg **ätj**ßär]
..., bitte.	..., tessék. [**täsch**·schehk]
danke	köszönöm [**kö**ßönöm]
Gern geschehen.	Szívesen. [**ßih**wäschän]
was / wer / welcher	mi / ki / melyik [mi / ki / **mä**jik]
wo / wohin	hol / hova [hol / **ho**wa]
wie / wie viel	hogyan / hány [**ho**djan / **hah**nj]
wann / wie lange	mikor / meddig [**mi**kor / **mäd**·dig]
Wie heißt das auf ungarisch?	Hogy mondják magyarul? [hodj **mon**djahk **ma**djarul]
Wo ist ...?	Hol van ...? [hol wan]
Können Sie mir helfen?	Segítene? [**schä**gihtänä]
ja	igen [**i**gän]
nein	nem [näm]
Entschuldigen Sie.	Elnézést kérek. [**äl**nehsehscht **keh**räk]

Sightseeing

Wo ist das Fremdenverkehrsbüro?	Hol van az idegenforgalmi hivatal? [hol wan as **i**dägänforgalmi **hi**watal]
Ich hätte gerne einen Stadtplan.	Kérek egy várostérképet. [**keh**räk ädj **wah**roschtehrkehpät]
Wann ist ... geöffnet / geschlossen?	Mikor van nyitva / zárva ...? [**mi**kor wan **nji**twa / **sahr**wa]
das Museum	a múzeum [a **mu**säum]
die Kirche	a templom [a **täm**plom]
die Ausstellung	a kiállítás [a **kiahl**·lihtahsch]

Shopping

Wo gibt es ...?	Hol lehet ...-t kapni? [hol **lä**hät ...-t **kap**ni]
Wie viel kostet das?	Mennyibe kerül? [**män**·njibä **kä**rül]
Ich hätte gern etwas Billigeres.	Egy olcsóbbat szeretnék. [ädj **ol**tschohb·bat ßärätnehk]
Das gefällt mir (nicht).	Ez (nem) tetszik (annyira). [äs (näm) **tät**ßik (**an**·njira)]
Gibt es das in einer anderen Farbe / Größe?	Van még más színben / méretben is? [wan mehg mahsch **ßihn**bän / **meh**rätbän isch]
Ich nehme es.	Ezt megveszem. [äßt **mäg**wäßäm]
Wo ist hier eine Bank?	Hol van a közelben bank? [hol wan a **kö**sälbän bank]
Wo kann ich Geld wechseln?	Hol tudok pénzt váltani? [hol **tu**dok pehnst **wahl**tani]
Geben Sie mir 100 g ... / ein Kilo ...	Tíz deka ... / egy kiló ... -t kérek. [tihs **dä**ka ... / ädj **ki**loh ...-t **keh**räk]
Ich hätte gern eine deutsche Zeitung.	Kérek egy német újságot. [**keh**räk ädj **neh**mät **uhj**schahgot.
Wo kann ich telefonieren?	Honnan telefonálhatnék? [**hon**·nan **tä**läfonahlhatnehk]
Wo kann ich eine Telefonkarte kaufen?	Hol lehet telefonkártyát kapni? [hol **lä**hät **tä**läfonkahrtjaht **kap**ni]

Notfälle

Ich brauche einen Arzt / Zahnarzt.	Orvoshoz / Fogorvoshoz kell mennem. [**or**woschhos / **fog**orwoschhos käl **män**·näm]

Rufen Sie bitte einen Krankenwagen / die Polizei.	Hívja kérem a mentőket / rendőrséget. [**hih**wja **keh**räm a **män**töhkät / **rän**döhrschehgät]
Ich hatte einen Unfall.	Balesetem volt. [**ba**läschätäm wolt]
Wo ist das nächste Polizeirevier?	Hol van a legközelebbi rendőrség? [hol wan a **läk**·kösäläb·bi **rän**döhrschehg]
Man hat mir ... gestohlen.	Ellopták ... [**äl**·loptahk ...]
Mein Auto ist aufgebrochen worden.	Feltörték az autómat. [**fäl**törtehk as **au**tohmat]

Essen und Trinken

Die Speisekarte, bitte.	Az étlapot kérem. [as **eht**lapot **keh**räm]
Brot	kenyér [**kän**jehr]
Kaffee	kávé [**kah**weh]
mit Zucker	kávé cukorral [**kah**weh **tzu**kor·ral]
Milchkaffee	tejeskávé [**tä**jäsch-kahweh]
Tee	tea [**tä**ja]
Tee mit Milch	tea tejjel [**tä**ja **täj**·jäl]
Orangensaft	narancslé [**na**rantschleh]
Suppe	leves [**lä**wäsch]
Fisch	hal [hal]
Fleisch	hús [huhsch]
Geflügel	szárnyasok [**ßahr**n-jaschok]
Beilage	köretek [**kö**rätäk]
Gemüse	zöldség [**söl**tschehg]
Mehlspeisen	tészták [**tehß**tahk]
vegetarische Gerichte	vegetáriánus ételek [**wä**gätahriahnusch **eh**täläk]
Eier	tojás [**to**jahsch]
Salat	saláta [**scha**lahta]
Dessert	desszert [**däß**·ßärt]
Obst	gyümölcs [**djü**möltsch]
Eis	fagylalt [**fa**djlalt]
Wein	bor [bor]
weiß / rot	fehér / vörös [**fä**hehr / **wö**rösch]
Bier	sör [schör]
Wasser	víz [wihs]
Mineralwasser mit / ohne Kohlensäure	szénsavas / szénsavmentes ásványvíz [**ßehn**schawasch / **ßehn**schawmäntäsch **ah**schwahnjwihs]
Limonade	limonádé [**li**monahdeh]
Frühstück	reggeli [**räg**·gäli]
Mittagessen	ebéd [äbehd]
Abendessen	vacsora [**wa**tschora]

Ich möchte nur eine Kleinigkeit essen.	Csak valami apróságot eszem. [tschak **wa**lami **a**prohschahgot **ä**ßäm]
Ich möchte bezahlen.	Fizetni szeretnék. [**fi**sätni **ß**ärätnehk]
Es war sehr gut.	Nagyon finom volt. [**na**djon **fi**nom wolt]

Im Hotel

Ich suche ein gutes / nicht zu teures Hotel.	Egy jó / olcsó szállodát keresek. [ädj joh / **ol**tschoh **ßahl**·lodaht **kä**räschäk]
Ich habe ein Zimmer reserviert.	Egy szobát foglaltak részemre. [ätj **ßoh**baht **fo**glaltak **reh**ßämrä]
Haben Sie ein Doppelzimmer / Einzelzimmer frei?	Van kétágyas / egyágyas szabad szobájuk? [wan **keh**tahdjasch / ädjahdjasch **ßa**bat **ß**obahjuk]
Mit Dusche und Toilette.	Zuhanyozóval és W.C.-vel. [**su**hanjosohwal ehsch **weh**tzehwäl]
Mit Balkon.	Erkéllyel. [**är**kehj·jäl]
Mit Blick auf den See.	Amelyik a tóra néz. [**a**melyik a **toh**ra nehs]
Wie viel kostet das Zimmer pro Nacht?	Mennyibe kerül egy éjszakára? [**män**·njibä **kä**rül ädj **ehj**ßakahra]
Mit Frühstück?	Reggelivel? [**räg**·gäliwäl]
Kann ich das Zimmer sehen?	Megnézhetném a szobát? [**mäg**nehshätnehm a **ß**obaht]
Haben Sie ein anderes Zimmer?	Lenne még egy másik szobájuk is? [**län**·nä mehg ädj **mah**schik **ßo**bajuk isch]
Das Zimmer gefällt mir (nicht).	Ez a szoba (nem) tetszik (nekem). [äß a **ß**obah (näm) **tät**ßik (**nä**käm)]
Kann ich mit Kreditkarte bezahlen?	Fizethetek ezzel a hitelkártyával? [**fi**säthätäk **äs**·säl a **hi**tälkahrtjahwal]
Wo kann ich parken?	Hol parkolhatok? [hol **par**kolhatok]
Können Sie das Gepäck in mein Zimmer bringen?	Felhozná a csomagokat a szobába? [**fäl**hosnah a **tscho**magokat a **ß**obahba]
Haben Sie einen Platz für ein Zelt / einen Wohnwagen?	Van még egy sátornak / lakókocsinak hely? [wan mehg ätj **schah**tornak / **la**kohkotschinak häj]

Orts- und Sachregister

Personenregister

Wenn Sie im Urlaub nicht mit dem Strom schwimmen wollen …
POLYGLOTT
MEHR VOM REISEN
POLYGLOTT APA GUIDE
OMAN
VEREINIGTE ARABISCHE EMIRATE
NEU! TOP 50
POLYGLOTT on tour
LISSABON
cityflip
NEU
POLYGLOTT go!
NORWEGEN
Aktiver Urlaub
Begeisternde Naturerlebnisse
Nachtleben in Norwegens Städten
POLYGLOTT Sprachführer
POLNISCH
NEU! Mit Bildwörterbuch
POLYGLOTT APA Guide – Spitzenklasse für Anspruchsvolle
POLYGLOTT on tour – der Allround-Führer im Taschenformat
POLYGLOTT go! – der Trendsetter mit den besten Adressen für aktive Urlauber
POLYGLOTT Sprachführer – um problemlos ins Gespräch zu kommen
Infos & mehr
www.polyglott.de

Urlaubskasse

Tasse Espresso	150–200 HUF
Softdrink (Cola, Mineralwasser)	200 HUF
Krug Bier	300–500 HUF
Gulyasleves (Gulaschsuppe)	500 HUF
Kugel Eis	90 HUF
Taxifahrt (bis 10 Km Kurzstrecke)	1500 HUF
Mietwagen/Tag	8000 HUF
1 l Superbenzin	250 HUF

Ergänzende Anregungen bitten wir zu richten an:
Polyglott Verlag, Redaktion, Postfach 40 11 20, 80711 München.
E-Mail: redaktion@polyglott.de

Impressum

Herausgeber: Polyglott-Redaktion
Autor: Michael Herl
Autorin Special: Dr. Elke Eberhardt
Bearbeitung: Foolke Molnár
Layout: Ute Weber, Geretsried
Titelkonzept-Design: Studio Schübel Werbeagentur GmbH, München
Satz Special: Ute Weber, Geretsried
Karten und Pläne: Sybille Rachfall
Satz: Tim Schulz, Dagebüll

Erste Auflage 2005/2006

Printed in Germany
ISBN 3-493-56753-7
Dieses Buch wurde auf chlorfrei gebleichtem Papier gedruckt.

Infos zu Städten und Touren

***Budapest

Dauer: 2 Tage
Highlights: ***Burgberg mit Museen, **Matthiaskirche, **Fischerbastei und mittelalterlichen Häusern, Fahrt mit der *Standseilbahn Sikló, Kettenbrücke, **Parlament, Café Gerbeaud und Einkaufsstraße Váci utca, **Elisabethstadt, *Große Synagoge, Erholung im *Széchenyi-Bad und im Stadtwäldchen

**Debrecen

Dauer: 1 Tag
Highlights: Klassizistischer Stadtkern um den Kálvin tér, *Reformierte Große Kirche, Déri-Museum, *Csokonai-Theater, *Altes Komitatshaus, Ausflug zum »Großen Stadtwald« Nagyerdő

**Eger

Dauer: 1 Tag
Highlights: *Burg mit Bischofspalast, *Dom St. Johannes, **Bibliothek des Erzbischöflichen Lyzeums, Palozen-Volkskundemuseum, barocke *Pfarrkirche St. Antonius und Barockbauten um den Dobó István tér

**Szeged

Dauer: 1 Tag
Highlights: Rathaus, **Klauzál tér, **Jugendstil-Palais Reök, **Neue Synagoge, Gebäudeensemble um den **Dom tér mit **Votivkirche

Tour 1

****Sopron → *Fertőd → **Győr → *Benediktinerabtei Pannonhalma → *Tata → Budapest**
Länge: ca. 200 km
Dauer: 1–3 Tage
Highlights: mittelalterlicher Kern von **Sopron, Neusiedler See, **Barockschloss Esterházy, Barockstädtchen **Győr mit Erlebnisbad Rába-Quelle

Tour 2

Budapest → *Szentendre → **Visegrád → **Esztergom
Länge: ca. 100 km
Dauer: 1 Tag
Highlights: Barockstadt und Künstlerkolonie *Szentendre mit dem größten ungarischen Freilichtmuseum der bäuerlichen Architektur, Palastruinen von **Vizegrád, Altstadt mit Dom in **Esztergom

Tour 3

****Veszprém → *Nagyvázsony → *Sümeg → *Sárvár → *Szombathely → *Köszeg → *Ják → Zalaegerszeg → Keszthely**
Länge: 250 km
Dauer: 1 Tag
Highlights: spätbarockes Architekturensemble des **Burgbergs und Zoo von **Veszprém, Porzellanmanufaktur und -museum Herend, Ritterspiele auf der Sümeger Burg, barocke **Fresken in der Pfarrkirche Christi Himmelfahrt in *Sümeg

Tour 4

Balatonkenese → *Balatonfüred → **Halbinsel Tihany → **Keszthely → *Hévíz → **Kis-Balaton → Siófok → *Székesfehérvár
Länge: ca. 250 km
Dauer: 2 Tage
Highlights: Seeuferpromenade in *Balatonfüred, Nationalpark Balaton-Oberland mit **Halbinsel Tihany, Kali-Becken und Vogelschutzgebiet **Kis-Balaton, Herzenfriedhof von Balatonudvari, Ensemble der Reetdachhäuser in Szigliget, *Thermalsee von Héviz, Touristik- und Kulturzentrum Szántódpuszta